Carl Johann Hauser

Geschichte der ersten ev.l-utherischen
Dreieinigkeitsgemeinde in St. Louis, MO

auf Anordnung der Gemeinde zur Feier ihres fünfzigjährigen Jubiläums am

16. und 17. Juni 1889

Carl Johann Hauser

Geschichte der ersten ev.l-utherischen Dreieinigkeitsgemeinde in St. Louis, MO
auf Anordnung der Gemeinde zur Feier ihres fünfzigjährigen Jubiläums am 16. und 17. Juni 1889

ISBN/EAN: 9783743666894

Hergestellt in Europa, USA, Kanada, Australien, Japan

Cover: Foto ©ninafisch / pixelio.de

Weitere Bücher finden Sie auf **www.hansebooks.com**

Dr. C. F. W. Walther.

Geschichte

der

Ersten ev.-lutherischen

Dreieinigkeits-Gemeinde

in

St. Louis, Mo.

———·———

Auf Anordnung der Gemeinde zur Feier ihres fünfzigjährigen
Jubiläums am 16. und 17. Juni 1889

verfaßt von

P. C. J. Otto Hanser.

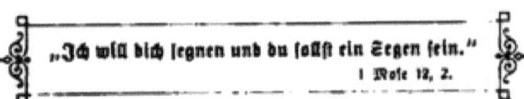

„Ich will dich segnen und du sollst ein Segen sein."
1 Mose 12, 2.

St. Louis, Mo.
Druckerei des Luth. Concordia-Verlags.
1889.

I.

Die Einwanderung der Gründer der Gemeinde.

Es war am 19. Februar des Jahres 1839 um die Mittagsstunde, als auf vier Mississippi-Dampfern von New Orleans, La., kommend, eine zahlreiche deutsche Auswanderungsgesellschaft, etwa 750 Seelen zählend, in St. Louis landete. Damals, als sich noch kein Strom deutscher Einwanderer, wie in späteren Zeiten, in dies ferne reiche, aber noch menschenleere Abendland ergoß, und selbst das jetzt nahezu eine halbe Million Einwohner zählende St. Louis nur ein kleines Städtchen von kaum 12,000 Bewohnern war, da war freilich die Ankunft einer so großen Zahl arbeitstüchtiger und aus allen Ständen der Gesellschaft zusammengesetzter Einwanderer, vom Gelehrten herab bis zum einfachen Taglöhner und Feldarbeiter, ein hocherfreuliches Ereigniß. Kamen sie doch auch nicht als Bettler in's Land, sondern wohl versehen mit Geldmitteln und allen Bedürfnissen des Haushalts, ja, selbst mit einer großen Bibliothek, einer Orgel, drei Kirchenglocken und vielen anderen Gegenständen eines Gemeinwesens ausgestattet. Und von dem Segen dieser Einwanderer sind auch bis zum heutigen Tag nicht etwa nur noch einzelne Spuren zurückgeblieben, sondern vielmehr große und herrliche Denkmäler. Nennen wir nur das Prachtgebäude des Concordia Seminars an Jefferson Avenue, das jedem Fremden, der hieher kommt, als eine besondere Zierde der Stadt gezeigt wird, sodann die große Concordia Druckerei und Binderei an Miami Straße, und endlich die elf Kirchen und dreizehn deutsch-englischen Schulen, zum Theil vier- bis sechsklassig, und das Walther College, welche selbst bei denen, die unsere christlich religiöse Anschauung und Bestrebungen nicht theilen, als ein sicherer Hort deutscher Frömmigkeit, Sprache und Gründlichkeit die höchste Anerkennung finden. Sind das nicht unwidersprechliche Zeugen, daß die Ankunft jener Einwanderer ein hocherfreuliches Ereigniß für St. Louis war? Ohne Zweifel. — Doch es ist nicht dieser an sich freilich wichtige Umstand in der Geschichte unserer Stadt, der das Erscheinen dieses Schriftchens veranlaßt und vielleicht auch rechtfertigen würde. Nein, nicht mit der Welt, sondern mit der Kirche Gottes haben wir es hier zu thun. Einen wichtigen Markstein bildet jene Einwanderung in der Geschichte der evangelisch-lutherischen Kirche dieses Landes, und indem wir als Glieder derselben dankbar freudig ausrufen: „Bis hieher hat uns der HErr geholfen", wollen wir in der kurzen Geschichte dieser fünfzig Jahre die großen Thaten unseres Gottes und sein wunderbares Walten preisend verkündigen, welcher aus kleinen Anfängen so Großes, aus mancherlei Bösem so viel Gutes, ja, eitel Segen und Heil werden ließ, daß es heute wie ein Wunder Gottes vor unsern Augen steht.

Mit jener Einwanderungsgesellschaft hatte es nämlich eine ganz besondere Bewandtniß. Ihre Theilnehmer waren nicht darum aus dem deutschen Vaterland in dies damals noch so unbekannte Land ausgezogen, um leiblicher Armuth zu entrinnen, in seinem Reichthum sich ein sorgenfreies Heim zu gründen und die Güter und Freuden dieses Lebens reichlicher zu genießen. Nein, Viele von ihnen hatten in Deutschland hochangesehene und einträgliche Stellungen und glänzende Aussichten aufgegeben. Sie hatten sich mit blutendem Herzen von Eltern und Verwandten losgerissen. Wohl suchten sie hier auch ein sorgenfreies Heim, aber nicht für den Leib, sondern für ihre Seele. Wohl suchten sie Reichthum an edlen Gütern, aber nicht dieser vergänglichen Erde, sondern des Himmels. Wohl begehrte ihr Herz Freuden, aber nicht die eiteln Freuden dieses sündlichen Lebens, sondern Freude, die in's ewige Leben quillet und dort allein ihren Sitz hat. Mit andern Worten: diese Einwanderer waren Christen, Gläubige des HErrn JEsu und seines heiligen Wortes. Ihre Heimath war Sachsen, die Wiege der lutherischen Reformation. Aber dies Land hatte die große Gnadenheimsuchung seines Gottes in Sendung Dr. Luthers vergessen und war aus einem Hort der göttlichen Wahrheit ein feindseliges Babel geworden, das mit seinen besten Kindern und treuesten Anhängern der Reformation auf's grausamste verfuhr. Statt Hirten gab es ihnen Wölfe, statt Seelsorger Seelenmörder in Kirchen und Schulen, welche ihnen statt dem Brod des Lebens, dem reinen Gottes Wort, die elenden Träber der menschlichen Vernunft, statt der süßen Gnade in Christo JEsu armselige Tugendphrasen vorsetzte. Und wagten sie es, dagegen in aller Bescheidenheit zu protestiren, so wurden sie mit Geld- und Gefängnißstrafen belegt.*) Jahre lang hatten sie diese grausame

---

*) Wem diese Schilderung übertrieben scheint, der wird sie mehr als bestätigt finden, wenn er sich die Mühe nehmen und folgende Schriften darüber nachlesen will: J. F. Köstering, die Auswanderung der sächsischen Luthe-

Gewissenstyrannei ertragen, aber da keine Besserung zu hoffen war, sich endlich aufgemacht in dies Land der Freiheit, in welchem sie nach Gottes Wort und ihrem Gewissen ungestört leben zu können hofften, weil darin die Kirche Christi nicht die verachtete und mißhandelte Magd des Staates, sondern die freie Herrin und Hausehre ihres himmlischen Bräutigams ist, und der Staat vielmehr ihr Diener, so weit sie dessen bedarf und begehrt. Kurz, Gewissens= und Religionsfreiheit, dieses alleredelste Kleinod des menschlichen Herzens, das Gott dem Volke der Vereinigten Staaten vor allen andern Staaten der Welt in so hohem Maße verliehen hat, das und das allein war es, was diese Einwanderer hieher geführt hatte. Und wie hat Gott das aufrichtige Verlangen ihres Herzens erfüllt über Bitten und Verstehen und sie mehr finden lassen, als sie hofften und ahnten! Denn mit diesen sächsischen Einwan= derern hielt die evangelisch=lutherische Kirche ihren Einzug in den fernen Westen der Vereinigten Staaten. Sie waren in Gottes Hand der Grundstein zu dem Wunderbau des luthe= rischen Zions in einer Größe, Macht und Herrlichkeit, wie sie noch nie vor den Augen der Welt dastand und jetzt die Freude und der Psalm aller derer ist, die den Namen lutherisch in der That und Wahrheit als einen von Gott auserwählten und köstlichen erkennen und preisen. Denn in der Mitte

raner im Jahre 1838, Concordia Verlag, St. Louis, Mo.; Chr. Hoch= stetter, die Geschichte der ev.=luth. Missourisynode von Nordamerika. Dresden, Heinrich J. Naumann. 1885; Gesetz und Zeugniß, heraus= gegeben von G. Leonhardi und C. Zimmermann. 2. Jahrg., 1866; Claus, Erinnerung an Reinhard, S. 212; endlich: Kurzer Lebenslauf des Pastor J. Friedrich Bünger von Dr. C. F. W. Walther. Verlag von F. Dette, St. Louis, Mo.

dieser Einwanderer befand sich der Mann, den sich Gott sonderlich zum Werkzeug und Baumeister seiner Kirche hier erwählt hatte, C. F. W. Walther, und dessen Name unaustilgbar in dem EbenEzer eingegraben ist, das wir mit der fünfzigjährigen Gedenkfeier dieser Einwanderung und dieser unserer Gemeinde aufrichten. Mit dieser Einwanderung fing an in wunderbar herrliche Erfüllung zu gehen das prophetische Wort des frommen lutherischen Gottesgelehrten Fresenius, der in seinen Pastoralsammlungen vom Jahre 1756 schrieb: „Lasset uns für die bessere Pflanzung und Ausbreitung des Weinberges Gottes in Amerika bitten! Lasset uns seinen Bau auf alle mögliche Weise zu befördern helfen! Lasset uns bedenken, daß vielleicht dieser entlegene Welttheil mit der Zeit, wenn Gott die europäischen Christen wegen ihrer großen Undankbarkeit mit schweren Strafgerichten heimsucht, eine Gegend der Zuflucht und Errettung für die wenigen Gläubigen werden könne!" (Lutheraner 1, S. 47.)

Doch kehren wir zur Landung unserer Einwanderer zurück. Es war ein buntes Gemisch von Menschen, das sich aus den Dampfbooten auf den Landungsplatz St. Louis ergoß, Männer und Frauen, Eltern und Kinder, Jünglinge und Jungfrauen, Greise und Jünglinge in deutschen Gewändern, mit strotzender Kraft und Gesundheit, Alles voll der dankbarsten Freude über die endliche glückliche Ankunft in dem hochersehnten Canaan der Freiheit. Es waren darunter 7 Pastoren, 8 Predigtamtscandidaten, 1 Schullehrer und 3 Schulamtscandidaten, 3 Aerzte, 1 Doctor der Rechte, 1 Advocat, 2 Maler, mehrere frühere Staatsbeamte und Kaufleute; der größte

Theil aber bestand aus Handwerkern und Oeconomen. Bei der großen Zahl der Ankömmlinge fehlte es natürlich an gemeinsamen Quartieren; die Einwanderer suchten allenthalben in der Stadt Unterkommen; nur für die Leiter der Gesellschaft war ein großes Haus am Broadway, zwischen St. Louis und Bremen, gemiethet, in der Nähe des sogenannten Indianer-Hügels, dessen sich freilich nur die älteren Einwohner von St. Louis noch erinnern. — St. Louis war aber nicht das eigentliche Ziel der Einwanderer, sondern nur der Sammelplatz. In der Ordnung, welche die Gesellschaft für ihre Auswanderung entworfen hatte, heißt es im 4. Paragraph: „Der Ort der Ansiedlung in den Vereinigten Staaten von Nord-Amerika soll in einem der westlichen Staaten gewählt werden, in Missouri, Illinois oder Indiana. Deshalb soll (§ 5. Reiseroute.) die Stadt St. Louis in Missouri, welche im Mittelpunkt aller dieser Staaten liegt und ihr Haupthandelsplatz ist, das nächste Ziel der Reise sein. Der Einschiffungsplatz in Europa soll Hamburg oder Bremen, der Ausschiffungsplatz New Orleans sein, von wo aus mittels Flußschifffahrt auf dem Mississippi St. Louis erreicht werden soll." — Diesem Plane gemäß hatte sich die Gesellschaft in Bremen auf fünf Schiffen nach New Orleans eingeschifft. Das erste, Copernicus, verließ Bremen am 3. November 1838, mit Pastor Bürger an Bord, und erreichte seinen Bestimmungsort am 1. Januar 1839. Das zweite hieß Johann Georg, das nur wenige Stunden nach dem Copernicus in die See stach, aber erst am 5. Januar in New Orleans eintraf. Die Pastoren, welche auf diesem Schiffe die Auswanderer begleiteten, waren die Pastoren Keyl und Walther, junior. Das dritte Schiff, die Republic, verließ Bremerhafen am 12. November und kam am 12. Januar 1839 in New Orleans an mit Pastor Löber aus Eichenberg. Das vierte Schiff, Olbers, lief am 18. November aus, hatte die Pastoren Stephan und O. H. Walther, senior, an Bord. Es erreichte New Orleans am 20. Januar. Ein fünftes Schiff, die Amalie, stach am gleichen Tage mit Olbers in die See, kam aber nie an seinen Bestimmungsort. Es ist spurlos untergegangen mit Allen, die darauf waren. Nachdem sich in New Orleans die Einwanderer wieder zusammengefunden hatten, ging es auf vier Dampfbooten nach St. Louis. Da die Einwanderer eine gemeinsame christliche Colonie errichten wollten, so wurde nun eifrig nach einer passenden, gesunden und fruchtbaren Gegend gesucht und endlich, 110 Meilen unterhalb St. Louis, in Perry County ausgewählt. Die Landung für die Mississippi-Dampfer wurde Wittenberg getauft und fünf Meilen weiter hinein das heutige Altenburg gegründet. Kurz vor Pfingsten des Jahres 1839 zog der größte Theil der Einwanderer von St. Louis nach der neugefundenen Heimath, unter großen Entbehrungen, Mühen, Enttäuschungen und Krankheiten sich allmählich einrichtend. Der letzte Trupp, unter Pastor Löber, verließ, laut des noch vorhandenen Kirchenbuchs, am 29. Mai desselben Jahres St. Louis und zog ebenfalls nach der Colonie. Doch blieb eine kleine Anzahl der Einwanderer, welche in St. Louis Verdienst und Arbeit gefunden hatten und in der neuen Heimath noch entbehrlich waren, daselbst zurück und sie bildeten den Anfang der **Dreieinigkeitsgemeinde**, welche in diesem Jahre ihr fünfzigjähriges Jubiläum mit lautem, freudigem Lob und Dank Gottes feiert.

Ehe wir dieses einleitende Kapitel schließen, sei uns noch eine kurze Schlußbemerkung erlaubt. Wir haben anfangs gesagt, daß sich Gottes wunderbar gnädiges Walten in dieser Auswanderungsgeschichte sonderlich auch darin offenbart habe, daß er aus mancherlei Bösem so viel Gutes, ja, eitel Segen habe kommen lassen. Diejenigen Leser dieses Büchleins, welche diese Geschichte selbst mit durchlebt haben, verstehen diese unsere Aeußerung und bestätigen sie von ganzem Herzen. Für diejenigen, welche mit den inneren Vorgängen dieser Auswanderung nicht so vertraut sind, sei hiemit bekannt, daß es ja bei der großen sündlichen Schwachheit der Menschen auch hier nicht ohne mancherlei große Gebrechen, ja Sünden, abgegangen ist. So aufrichtig auch die Gesinnung der allermeisten Einwanderer gewesen war, so redlich sie es mit Gottes reinem Worte und ihrem Seelenheile meinten und nichts anders als rechtschaffene Lutheraner sein wollten, so unklar war doch die allgemeine Erkenntniß der reinen Lehre, ja, sie staken vielfach noch in manchen groben Irrlehren. Die Folge war natürlich, als ihnen Gott hierüber die Augen öffnete, eine große Zerrüttung und Verwirrung der Gemüther. Ihr ganzer christlicher Glaubensgrund wurde ihnen wankend und ungewiß. Es entstand ein zwar kurzer, aber sehr heftiger Lehrkampf unter den Einwanderern, der aber durch Gottes Gnade, vornehmlich durch des jüngeren Walthers wunderbare Gaben, mit dem Sieg der Wahrheit und Beruhigung der meisten Einwanderer glücklich endete. Auch durch die Art der Auswanderung selbst wurden in Deutschland viele tiefe Herzenswunden geschlagen, die hätten vermieden werden können, wenn die rechte christliche Nüchternheit und Besonnenheit alles durch=

brungen und beherrscht hätte. Endlich war ein sehr folge-
schweres Gebrechen an den Einwanderern ihre fast abgöttische
Verehrung gegen den Hauptleiter der Auswanderung und ihr
blinder Gehorsam gegen ihn. Welche leibliche Leiden und
welcher Jammer auch dadurch über die ganze Colonie kam,
ist nicht mit Worten zu beschreiben, als derselbe endlich seines
Amtes entsetzt werden konnte. Aber indem diese aufrichtigen
Christen sich unter Gottes züchtigende Hand völlig demüthig-
ten, so diente nun auch das herbe Feuer der Trübsal, durch
welches sie Gott in den ersten Jahren führte, nicht bloß ihnen
zu großem Heile, sondern wurde auch zu bleibendem und
reichem Segen für die ganze lutherische Kirche dieses Landes.
Es erfüllte sich da auf's Neue, wie so oft, das theure Psalm-
wort: "Wenn du mich demüthigest, so machst du mich groß."
Wäre wohl die Missouri-Synode ohne die herben Erfahrungen
und schweren Kämpfe dieser Lutheraner das geworden, was
Gottes Gnade aus ihr gemacht hat? Es ist kaum zu glauben.

II.
Der äußere Entwicklungsgang der Dreieinigkeitsgemeinde.

Ein bestimmter Zeitpunkt der eigentlichen und formellen
Organisirung der Gemeinde kann nicht angegeben werden,
da die ersten Protokolle ihrer Versammlungen abhanden gekommen und die noch vorhandnen mit dem 16. December 1839
beginnen. Um diese Zeit aber war Pastor Otto Hermann
Walther schon über sechs Monate rechtmäßig berufener Seelsorger der Gemeinde. Es ist auch wohl mit der Entstehung

der Gemeinde ganz natürlich zugegangen. Sobald die Einwanderer hier gelandet waren, hielten sie sonntägliche Gottesdienste und richteten in einem gemietheten Hause Schule für ihre Kinder ein, welche Ordnung von den in St. Louis Zurückbleibenden fortgeführt wurde, auch nachdem mit Pastor Löber am 29. Mai die letzte größere Zahl nach Perry County übersiedelte. Ungewiß ist nur, ob ein Candidat zu ihrer Versorgung mit zurückblieb, oder ob dieselben sich zu Lesegottesdiensten an Sonntagen vereinigten. Nachdem aber der Gang der Dinge in der neuen Colonie der Gesellschaft eine so überaus traurige Wendung genommen, daselbst auch bitterer Mangel an allen Lebensbedürfnissen entstanden war, da erkannte man auch die Unausführbarkeit der beabsichtigten Gründung eines großen und allgemeinen Kirchen- und Gemeinwesens. Eine große Anzahl der Einwanderer kehrte daher nach St. Louis zurück und da trat dann bald die Nothwendigkeit an sie heran, durch Berufung eines eigenen Seelsorgers für ihr eigenes Seelenheil und die christliche Erziehung ihrer Kinder ernstlich zu sorgen, um dessentwillen sie sich ja mit blutenden Herzen vom alten Vaterlande losgerissen und hier eine neue Heimath gesucht hatten. Die Wahl fiel auf den allgemein beliebten, hochgeachteten und gleich hochbegabten Pastor C. H. Walther, der willig dem Rufe folge leistete und am zweiten Sonntag nach Trinitatis 1839 in sein Amt hier eingeführt wurde. Zugleich ward auch eine Schule eröffnet, an die vorläufig Candidat L. Geyer berufen wurde. Damit beginnt denn die Selbständigkeit und eigentliche Geschichte der Dreieinigkeitsgemeinde, welche aber damals diesen Namen noch nicht trug. Aber welch ein überaus armer, kümmerlicher Anfang war das! Da die Einwanderer ihr Baarvermögen in die gemeinschaftliche sogenannte Creditkasse gegeben hatten, aus welcher die Reisekosten, der Ankauf des Landes und andere damit verbundene Auslagen bestritten worden waren, welche damit auch fast erschöpft war, so waren nun die Allermeisten von allen Geldmitteln entblößt und hatten nur das Wenige, was sie täglich, wenn sie Arbeit fanden, verdienten, und nur für kärglichen Lebensunterhalt ausreichte. Wo sollten nun diese armen Exulanten ihre Gottesdienste abhalten? Oeffentliche Hallen gab es noch wenige, zu miethen gab es keine, auch wäre kaum Geld dazu vorhanden gewesen. Die Schule wurde in einem gemietheten Hause an Poplar Straße nothdürftig eingerichtet. In Bezug auf den öffentlichen Gottesdienst schaffte der treue Heiland, der sie mitten in ihrem Trübsalsfeuer weder vergessen noch verlassen konnte, Rath und Hülfe. Er erweckte nämlich die Herzen einer Episcopalgemeinde (Christ Church), daß sie mitleidig den armen deutschen Christen den untern Raum ihrer Kirche gegen ganz geringe Vergütung an den Kirchendiener zur Abhaltung ihrer Gottesdienste überließ. Das Kirchgebäude stand an der fünften Straße nahe dem Courthaus. Beinahe drei Jahre, bis zum Spätherbst 1842, hielt die Gemeinde darin ihre Gottesdienste ab — nur ganz kurze Zeit einmal in einer protestantischen Kirche — bis sie am Advent dieses Jahres ihre eigene Kirche an Lombard Straße einweihen konnte. Die Gemeinde hat diese Liebe der englischen Gemeinde nie vergessen. Sie hat daher bei Einweihung ihrer zweiten großen Kirche, Ecke Lafayette und Achten Straße, und bei Feier ihres fünfzigjährigen Jubiläums einen

besondern Abendfestgottesdienst in englischer Sprache ange=
ordnet und diese Gemeinde herzlich dazu eingeladen. Sie
sollte sich mit ihr freuen, daß sich der HErr zu ihnen, den
armen und anfangs so verachteten deutschen Einwanderern
so herrlich bekannt und sie so überreich gesegnet hat. —

Von der bitteren Armuth und den überaus kümmerlichen
Verhältnissen der ersten Jahre können wir uns jetzt kaum
mehr eine Vorstellung machen. Der Gehalt des Pastors be=
trug monatlich $15.00, des Lehrers $10.00 mit freier Woh=
nung. Als Pastor O. H. Walther im November 1839 in die
Ehe trat, wollte die Gemeinde eine Collecte zur Hauseinrich=
tung machen. Sobald er dies hörte, schrieb er einem Vor=
steher, um dies zu verhindern, und erklärte darin, daß er
unter den gegenwärtigen ärmlichen Verhältnissen der Ge=
meinde es für unrecht ansehen würde, dies anzunehmen, und
bäte daher, daß man davon absehe. Höchstens wolle er, um
die Liebe der Gemeinde nicht zu kränken, eine ganz einfache
Bettstelle und drei Stühle annehmen, einen Tisch habe er sich
schon bestellt, und das sei genug. Mehr sei ihm nicht eine
Liebe, sondern eine drückende Last. Das zweistöckige Schul=
haus diente im zweiten Stock zur Wohnung des Pastors, im
untern Stock — nur ein großes Zimmer enthaltend — war
die Schule; aber dieselbe war auch zugleich die Wohn= und
Schlafstube des Lehrers. Noch im Jahre 1846, als schon die
erste Conferenz der Pastoren zur Bildung einer evangelisch=
lutherischen Synode in St. Louis bei Pastor C. F. W. Walther
stattfand, schildert Pastor F. Lochner dessen Wohnungsverhält=
nisse mit folgenden Worten: „Mit Pastor Fürbringer waren
wir Drei Walthers Gäste. Aber wie bescheiden, um nicht zu

sagen ärmlich, waren damals unseres lieben Wirthes äußer=
liche Verhältnisse! Gegenüber der alten Dreieinigkeitskirche,
wo jetzt die Sachsen=Mühle steht, befand sich ein zweistöckiges
Brickhäuschen. Den oberen Theil nach vorn bewohnte Schuh=
macher Neumüller, ein Schwager Walthers, den hintern Theil
die selige Pastorin Bünger, Walthers und bald darauf auch
meine Schwiegermutter, der das Häuschen gehörte. Walther
wohnte in dem untern Theil zur Miethe. Dieser untere Theil
bestand aus einem Wohnzimmer, das zugleich Schlafzimmer
für ihn, Frau und zwei Kinder war, einer daranstoßenden
kleinen Sommerküche und seinem Studirzimmer. Letzteres
mußte aber zugleich als Fremdenzimmer dienen. War es
Zeit zum Schlafengehen, so wurde das Sopha umgeklappt,
um als Doppelbett für Dr. Sihler und Pastor Fürbringer zu
dienen, und unter derselben ein niedriges Gestell hervorge=
zogen, das als Lagerstätte für Pastor Ernst und mich diente.
Während des Frühstücks am Morgen ging dann jedesmal die
Verwandlung des improvisirten Schlafzimmers in's Studir=
zimmer vor sich. (Lutheraner 44, S. 187.)

Indeß würde man sich sehr irren, wollte man glauben,
daß über den Druck der Armuth großes Klagen und Seufzen
gewesen wäre. Nein, das Hauptgut, das diese Einwanderer
hier gesucht und gefunden hatten, die Freiheit des Gewissens,
machte sie so reich, zufrieden und glücklich, daß sie des Irdi=
schen gar wenig achteten und sich eigentlich nur insofern dar=
über grämten, daß sie dadurch gehindert waren, ihre kirch=
lichen Bedürfnisse nicht in solchen Stand zu setzen, als ihr
gläubiges Herz es begehrte. Vor allem schmerzte es sie, kein
eigenes Gotteshaus zu besitzen. Wie sehr z. B. die Abhaltung

der Gottesdienste, sonderlich zu den Festzeiten, gehindert war, sieht man an der Feier des Weihnachtsfestes 1841. Am ersten Festtag mußten sie Morgens ½8 Uhr und Nachmittags 1 Uhr, am zweiten Tag Morgens 6 Uhr und Nachmittags 1 Uhr ihre Gottesdienste halten. Vom Besuch der Gottesdienste durch Fremde konnte natürlich zu solcher Zeit kaum die Rede sein. Da es überdies auch an Gesangbüchern fehlte, so mußten die Lieder im Gottesdienst strophenweis vom Pastor, später vom Schullehrer vorgesagt werden. Aber trotz allen diesen armseligen und hinderlichen Verhältnissen war ein gedeihliches Wachsthum der Gemeinde doch bald wahrnehmbar. Gott hatte nämlich der Gemeinde in der Person O. H. Walthers einen Pastor von ganz besonders reichen Gaben des Verstandes und Gemüthes gegeben; einen rechten Johannesjünger voll hoher Erkenntniß und brennender Liebe, der die Herzen wie im Sturme gewann und dem auch die verhärtetsten Herzen für die Länge nicht widerstehen konnten. Schon in Deutschland, wo er Vicar seines Vaters war, hatte er in solchem Segen gearbeitet und die Liebe der Gemeinde und seines Landesfürsten in solchem Grade gewonnen, daß sein Abschied nach Amerika allgemeine tiefe Trauer hervorrief und letzterer ihm das Reisegeld zur Hin- und Herreise anbot, wenn er nur versprechen wollte, bald wieder zurückzukehren. Er war gleich ausgezeichnet in der Seelsorge, wie auf der Kanzel. Mit unermüdlicher Hirtentreue ging er den ihm anvertrauten Seelen nach. Mit seinem klaren, scharfen Verstand wußte er die Widersprecher in Liebe zu gewinnen, zu überführen, zu strafen; mit seiner reichen evangelischen Erkenntniß die verirrten und verwundeten Gewissen zu trösten und zurechtzubringen; die Bösen mit Ernst und Sanftmuth zu tragen, die Verzagten aufzurichten, die Sterbenden mit fröhlicher Hoffnung des Lebens zu erfüllen. In den schwierigsten Verhältnissen leitete er die Gemeinde mit sicherer Hand und führte sie zu einem geordneten Stande. Nicht weniger reich und bedeutend war seine Begabung für die Kanzel. Ein so ausgezeichneter Seelsorger er war, ein so gewaltiger Prediger war er. Hoher Flug der edelsten Sprache bei reicher Fülle göttlicher Gedanken und Wahrheiten war zugleich bei ihm gepaart mit wunderbarer Einfalt und Popularität, so daß auch der Einfältigste dem Gang der Predigt folgen und sie fassen konnte. Unvergeßlich sind z. B. heute noch bei den wenig überlebenden Zuhörern seine letzten Weihnachtspredigten über das Thema: „Der Himmel auf Erden", welches er in drei Predigten ausführte. Ein Gedicht, welches er für das Neujahr 1841 seinen Schulkindern als Neujahrswunsch für ihre Eltern verfaßte, behandelt dasselbe Thema in lieblichster Weise und freuen wir uns, daß es uns von gütiger Hand zum Druck in diesem Büchlein überlassen wurde. Es findet sich hinten im Anhang bei den beiden Leichenreden, die zu seiner Beerdigung gehalten wurden. — Ach, daß dieselbe so bald stattfand! Es gehört ohne Zweifel zu den dunkelsten Wegen und Führungen Gottes mit dieser Gemeinde und überhaupt dieser seiner lutherischen Kirche hier, daß er diesen hochbegabten und reichgesegneten Prediger, dieses auserwählte Rüstzeug seines Geistes und seiner Gaben in der Kraft und Blüthe seines Lebens durch den Tod hinwegraffte, dieses brennende und scheinende Licht, in dessen Glanze so viele Seelen, ja, eine ganze Gemeinde fröhlich und Gott hoch dankbar war, so plötzlich auslöschte. Aber so geschah es. Bald nach jenen lieblichen Weihnachtspredigten: „Der Himmel auf Erden" — es ist ungewiß, ob er noch am Neujahrstag predigte — durfte dieser süße Weihnachtsprediger selbst von der Erde zum Himmel gehen, schauen, was er so gewiß glaubte und seinen Zu-

Pastor O. H. Walther im Sarge.*)

hörern mit solcher Inbrunst geprediget hatte, durfte genießen, was er so freudig hoffte und verkündigt hatte. Ein hitziges Nervenfieber machte seinem theuren Leben ein frühes Ende. Er starb am 21. Januar 1841 Abends 10 Uhr im Bekenntniß und Glauben seines Heilandes, aus dessen Hand er als

---

*) Dieses Bild O. H. Walthers war von Magister Wege im Sarge skizzirt und ist das einzige, das überhaupt von ihm vorhanden ist. Wurde uns durch dieselbe gütige Hand wie das Gedicht überlassen.

ein frommer und getreuer Knecht nun die Krone ewiger Ehren empfing. Seine Seele gefiel Gott wohl, darum eilte er mit ihm aus diesem Leben. Er wurde nur 31 Jahre und 4 Monate alt. An seinem Sarge weinte seine tieftrauernde Wittwe mit ihrem drei Monate alten Kindlein Johannes. Der Verstorbene war mit ihr, einer geborenen Agnes E. Bünger, am 15. November 1839 in die Ehe getreten, die auch durch innige gegenseitige Liebe ein Himmel auf Erden war, aber nun für sie in ein Thränenthal verwandelt wurde. Später hat der HErr sie wieder getröstet und ihre Thränen getrocknet, als er sie in eine zweite glückliche Ehe mit Pastor O. Fürbringer führte. Nicht weniger schmerzlich aber und niederschmetternd war der Gemeinde der Tod dieses ihres treuen Seelsorgers. Mit vielen Thränen und Seufzern geleitete sie ihn zu seiner Grabesstätte auf dem allgemeinen städtischen Kirchhofe am 24. Januar, von wo aus seine Gebeine später auf den Gottesacker der Gemeinde überführt wurden, auf welchem jetzt die Kirche „Zum heiligen Kreuze" steht, nahe dem Concordia Seminar. — Die Begräbnißkosten werden im Protokollbuch auf $27.95½ angegeben, welche natürlich die Gemeinde trug, die auch der verwittweten Pastorin den vollen Pastorsgehalt auszahlte, bis ein Nachfolger erwählt ward. Hierauf bekam sie noch eine Pension von monatlich $5.00 bis zu ihrer Wiederverheirathung. Als Vacanzprediger bestellte die Gemeinde die Herren Candidaten Schieferdecker und Fr. Bünger, welcher letztere an die Schule der Gemeinde berufen und im Juli 1840 in dieselbe eingeführt worden war, nachdem Candidat L. Geyer einem Ruf der sogenannten „Berliner" in's Predigtamt nach Perry County Folge geleistet hatte. Merkwürdigerweise sollten sie nur Nachmittags eine Predigt über die Epistel halten, Vormittags aber eine Katechismusprebigt von J. Arndt vorlesen. Das Abendmahl sollte nur „im allerhöchsten Nothfall" ausgetheilt werden, die Taufe durfte Jeder entweder von einem der Candidaten oder von dem unirten Prediger Wall vollziehen lassen.

Schon am 8. Februar 1841 schritt die Gemeinde zur Wahl eines neuen Pastors. Als Candidaten wurden aufgestellt der Bruder des verstorbenen Pastors, C. F. W. Walther, und Candidat G. A. Schieferdecker. Die Wahl traf ersteren, der sich noch in Perry County befand. Die Gemeinde fertigte sogleich ein Glied, M. Quast, mit der schriftlichen Vocation an ihn ab. Wir können uns nicht enthalten, sein köstliches Antwortsschreiben hier einzufügen:

„Hochgeehrte Herren,

„Geliebte Freunde und Brüder in Christo!

„Gnade, Barmherzigkeit, Friede von Gott 2c. Amen!

„Das von Ihnen im Namen der evang.-luth. Gemeinde in St. Louis unterzeichnete und an mich ausgestellte Document habe ich den 10. d. M. erhalten und mit tiefer Bewegung meines Herzens gelesen. Sie erklären mir darin den Willen der genannten geehrten Gemeinde, mich zu ihrem Lehrer und Seelsorger zu berufen. Sie haben mir zugleich durch Herrn Quast mündlich zu erkennen gegeben, daß Sie unter den obwaltenden Umständen wünschen, ich möge mich baldmöglichst entscheiden und, so es thunlich sei, sogleich in das mir übertragene Amt eintreten.

„Hierauf bitte ich Sie ergebenst, der theuren Gemeinde in St. Louis zu sagen, daß ich sie mit der aufrichtigsten Ehrerbietung grüßen lasse; und ihr meinen demüthigsten Dank auszusprechen für das unverdiente Zutrauen zu mir, welches sie durch die zugesendete Berufung an den Tag gelegt, und für die außerordentliche Ehre, deren sie mich Unwürdigen hierdurch gewürdigt hat. Wollen Sie derselben zugleich eröffnen, so gern ich ihrem Wunsche entsprechen möchte, mich sogleich zu entscheiden, ob ich die erhaltene Vocation annehmen könne oder nicht, so sei mir's doch für den Augenblick unmöglich. An einer unverzüglichen Entscheidung hindern mich nicht nur Bedenken meines Gewissens, deren Grund theils in, theils außer mir liegt, sondern auch mein leiblicher Zustand. Zwar bin ich, wie es scheint, auf dem Wege der Genesung, aber noch immer wiederkehrende kleine Anfälle des kalten Fiebers zeigen mir, daß ich der Verwaltung eines so arbeitsvollen Amtes mich sogleich unterziehen zu wollen nicht versprechen darf. Leicht könnte eine solche Bereitwilligkeit die theure Gemeinde in nur noch größere Verlegenheit versetzen. Ich habe das feste Vertrauen zu meinem lieben Gott, daß Er mich nicht lange in Unruhe und Ungewißheit lassen werde. Vielleicht gefällt es Seiner unendlichen Gnade und Barmherzigkeit, entweder durch baldige Stärkung oder durch mehrere Entziehung meiner Gesundheit Seinen heiligen Willen in der betreffenden wichtigen Angelegenheit deutlich zu offenbaren. Da eine baldige Wiederbesetzung der erledigten Stelle als bringend nothwendig erscheint, so kann es, wie ich glaube, die Gemeinde für einen unverkennbaren Wink Gottes ansehen, daß Er nicht Lust zu mir habe, wenn sich entweder meine völlige Genesung verzögern sollte oder wenn ich nicht so bald zu einer mein Gewissen beruhigenden Gewißheit des göttlichen Willens sollte kommen können. In diesem Falle könnte ja wohl die Gemeinde zu einer neuen Wahl in Gottes Namen schreiten.

"Ich an meinem Theile werde nichts unterlassen, so bald als möglich zur klaren Erkenntniß des Willens Gottes zu gelangen und Ihnen sodann den von mir mit JEsu gefaßten Entschluß gehorsamst mitzutheilen.

"Schließlich rufe ich den hochgelobten dreieinigen Gott demüthig und gläubig an, Er wolle alles also lenken, daß auch in der gegenwärtigen Angelegenheit Sein heiliger Wille von uns erkannt und zu Seines großen Namens Ehre und unser aller Seligkeit von uns gethan werde; und indem ich Sie Seiner Gnade und Seinem Schutze befehle, verharre ich mit gebührendem Respect und herzlicher Liebe

Dero gehorsamster Diener

C. F. W. Walther."

Die Gemeinde beschloß, Pastor Walther noch Bedenkzeit zu gewähren, und hatte am 26. April die große Freude, ihn in ihrer Gemeindeversammlung begrüßen zu dürfen. Hier erklärte er nun, daß er durch Gottes Gnade bereit sei, den an ihn ergangenen Beruf mit Freuden anzunehmen, weil Gott selbst alle Bedenken und Hindernisse desselben aus dem Weg geräumt habe. Denn 1.) er sei wieder genesen; 2.) sei er durch fleißiges Studium in den alten Kirchenlehrern zur Erkenntniß gelangt, daß, wenn von Seiten der Berufenden alles nach göttlicher Ordnung geschehen, der Berufene durchaus sich nicht weigern solle, den Beruf anzunehmen; 3.) das, was er bei der Auswanderung versehen, seien nicht solche Sünden, die ihn (1 Tim. 3, 7. Tit. 1, 7.) des Amtes unwürdig machen; 4.) sei er nun völlig gewiß, daß der Gemeinde der Ruhm einer christlichen Gemeinde nicht genommen, ihr daher auch die Rechte einer solchen nicht abgesprochen werden können. (Protokoll 26. April 1841.) Mit großer Freude vernahm die Gemeinde diese Erklärung Pastor Walthers und beschloß, er möchte mit nächstem Sonntage Jubilate seine Antrittspredigt halten. Am Sonntag Cantate sollte dann wieder das heilige Abendmahl gefeiert werden, das seit dem Tod des seligen Vorgängers nicht mehr ausgetheilt worden war. Da Pastor Walther körperlich noch sehr schwach war, beschloß die Gemeinde sogleich, daß er vorläufig nur einmal des Sonntags predigen, Nachmittags eine Predigt vorlesen solle, doch bat sie ihn, den Confirmandenunterricht sogleich zu beginnen. —

So war denn hiermit die göttliche Verbindung zwischen der Gemeinde und Pastor Walther geschlossen, welche fast ein halbes Jahrhundert währen und von solchem wunderbaren, reichen und weit über die Grenzen der Stadt hinausgehenden Segen war, daß wir heute in bemüthigster Dankbarkeit ausrufen müssen: „Wunderbar ist sein Rath, aber herrlich führt er alles hinaus. Groß sind die Werke des HErrn, wer ihrer achtet, der hat eitel Lust daran." In seinem unbegreiflichen Rath hatte Gott das Amt der Gemeinde durch den Tod ihres Pastors Walther aus gar treuen Händen genommen, aber er hatte sie auch wieder in gleich treue Hände gelegt, und wie auf dem seligen Vorgänger, so ruhte auch auf dem Nachfolger sein reicher Segen. — Schon nach zehn Monaten beschloß die Gemeinde im Vertrauen auf Gottes gnädige Durchhilfe den Bau einer eigenen Kirche. Am 16. Februar 1842 war der Bauplatz gekauft. Er lag zwischen Dritter und Vierter Straße, an Lombard Straße, und kostete bei 50 Fuß Front und 60 Fuß Tiefe $1000.00, wovon $600.00 sogleich bezahlt werden mußten, der Rest zuerst für 8, später für 10 Procent stehen bleiben konnte. Später wurden noch 5 Fuß Land hinzugekauft. Bei Gelegenheit des Baues einer eigenen Kirche kam man auch zur Berathung über den Namen derselben, wobei Pastor Walther darauf aufmerksam machte, daß ein solcher gewählt werden sollte, welcher 1.) nicht den Namen eines Menschen, 2.) ein Bekenntniß enthalte, 3.) nicht sogleich den Spott der Welt errege. In Bezug auf diesen Namen heißt es in dem von Walther verabfaßten und im Grundstein niedergelegten Document: „Wisse es, o Leser, wer du auch sein magst, darum haben wir unserer Kirche den hohen und heiligen Namen ‚Dreieinigkeitskirche‘ gegeben, weil wir keinen andern Gott für den wahren erkennen, als den breieinigen, Gott Vater, Gott Sohn, Gott Heiligen Geist, wie er sich uns in seinem Wort geoffenbart hat. Wisse es, o Leser, nur dazu haben wir den Grund zu unserer Kirche gelegt, daß darin das reine Wort Gottes nach der Auslegung der apostolischen und nach ihr der evangelisch-lutherischen Kirche uns und unsern Nachkommen verkündigt und die heiligen Sacramente, die heilige Taufe und das heilige Abendmahl, nach der Einsetzung JEsu Christi, des eingebornen Sohnes Gottes, von berufenen Dienern der Kirche verwaltet werden." So wurde der Name „Dreieinigkeitskirche" gewählt. Zugleich wurde über Anschaffung eines Kirchensiegels gesprochen und $25.00 dazu bewilligt. Auf dem Rand soll der Name „Deutsche evangelisch-lutherische Dreieinigkeitskirche zu St. Louis", in der Mitte ein Altar mit Kreuz, Abendmahlsgeräthen, 2 Leuchtern und dem Taufstein gravirt werden. — Am 9. Mai 1842 war der Plan der Kirche, den Baumeister Saler gefertigt hatte, angenommen. Die Größe der Kirche sollte 50 bei 55 Fuß und 18 Fuß hoch im Lichten sein, mit Emporen zu beiden Seiten. Die angegebene Bausumme betrug $4120.00. Der Unterraum sollte für die Schule bestimmt werden. Da aber viele Gemeindeglieder schon weit von diesem Platze in der obern Stadt wohnten, verpflichtete sich die Gemeinde, wenn irgend möglich, nach Verlauf eines Jahres in jenem Stadttheil eine zweite Schule anzulegen. Die Grundsteinlegung der Kirche konnte wegen zu befürchtender Störungen nicht im Freien auf dem Bauplatz selbst gehalten werden, sondern wurde durch eine Bauprediget und Weihegebet im bisherigen Local der Episcopalkirche gefeiert. In den Grund- und Eckstein wurde laut Beschlusses eine Beschreibung der Entstehung der Gemeinde, ein Glaubensbekenntniß und das Verzeichniß der Glieder niedergelegt. Die Gemeinde bestand in dieser Zeit der Seelenzahl nach aus 325 Seelen, nach der Selbstständigkeit aus 131 einzelnen Personen, nach der Stimmfähigkeit aus 112 Gliedern. Am 4. December 1842 fand die feierliche Einweihung der Kirche statt. Nach Beschluß der Gemeinde waren sämmtliche Pastoren in Illinois und Perry County zur Feier eingeladen. Leider konnte keiner kommen, sandten aber schriftliche herzliche Glückwünsche. Die Kirchweihe wurde zwei Tage gefeiert mit Vormittags- und Nachmittagspredigt. Der Gottesdienst begann früh 9 Uhr und Nachmittags 2 Uhr. Morgens ward Abendmahl gehalten.

Nachmittags wurde nach der Predigt die älteste Tochter Pastor Walthers, Magdalena, getauft, jetzt die Gattin Pastor St. Keyls an der Emigrantenmission in New York, und ein Söhnlein, Friedrich, von Johann Wilh. Schmidt. Hierauf wurden zwei Paare copulirt, nämlich Johann Wilh. Happel mit Jungfrau Johanna Chr. Kühn und Joh. Carl Gottlieb Schmeiser mit Jungfrau Hermine Friederike Waldemeier. — Diese beiden Trauungen sowie die erste Festpredigt hielt Pastor Walther. Leider ist diese Predigt nicht mehr im Manuscript vorhanden und nie gedruckt worden. Welche brünstige Dankbarkeit dieselbe durchweht haben muß, schließen wir aus den Worten, mit welchen er die Predigt am darauf folgenden dritten Advent beginnt. Sie lauten also: „So ist es denn wirklich wahr? Gott hat es uns wirklich gelingen lassen, was wir noch vor wenigen Jahren kaum zu hoffen, ja, zu wünschen wagten? Gott hat uns wirklich in unserm neuen Vaterlande eine Stätte geschenkt, da er für uns und unsere Kinder seines Namens Gedächtniß stiften, zu uns kommen und uns segnen will? O des überschwänglich gütigen Gottes! Mit Joseph müssen wir ausrufen: ‚Menschen gedachten es böse zu machen, aber Gott gedachte es gut zu machen.‘ O daß mich Gott hat diese Freude erleben lassen! Ich glaube es fest, JEsus Christus, der Sohn Gottes, der uns mit seinem Blute erkauft hat, hat für uns bei seinem himmlischen Vater gebeten und der Vater im Himmel hat seine Fürbitte für uns erhört und uns um Christi willen gegeben, was ihr nun hier sehet. Neue, große Hoffnungen sind viele in meiner Seele erwacht und mit neuer Freudigkeit, mit neuer Liebe hat sich mein Herz wider euch weit aufgethan. — Was das für eine Wohlthat sei, daß wir ein Haus haben, in welchem wir zusammenkommen können, einen lutherischen Gottesdienst zu haben, ungestört Gottes Wort zu hören, die heiligen Sacramente zu gebrauchen, Christum öffentlich zu bekennen und seinen Tod zu verkündigen, darüber läßt sich wohl viel reden, aber ausreden läßt es sich nicht. Wo ein Christ Gottes Wort haben kann, da ist sein Vaterland; da spricht er: Hie ist gut sein. Durch dieses Gotteshaus mit dem hier erschallenden Evangelium macht uns daher Gott erst dieses Land unsers gegenwärtigen Wohnorts zur zweiten Heimath, und wenn wir uns hier versammeln, werden wir auf's lebendigste daran erinnert." —

Mit dem Besitz eines eigenen Gotteshauses, in welchem ein Mann von so ausgezeichneten Predigtgaben sonntäglich das reine Wort Gottes verkündigte, trat denn die Gemeinde in ein neues, hoffnungsvolles Stadium des Gedeihens und Wachsthums ein. Die sonntäglichen Gottesdienste wurden in der deutschen Zeitung, dem „Anzeiger des Westens", bekannt gemacht und von vielen Fremden besucht. Werfen wir einen Blick in's Kirchenbuch, so finden wir eine rasche Zunahme der Amtshandlungen. Im Jahre 1842 waren 35 Taufen und 19 Trauungen, 1843 schon 53 Taufen und 27 Trauungen; 1845 sind es schon 92, 1846 105, im folgenden Jahre 145 Taufen; die Trauungen waren 1843 27, 1846 43, 1847 44. Confirmirt wurden 1847 schon 65, 1848 sogar 78 Kinder. Das sind Zahlen, welche denen unserer jetzigen Dreieinigkeitsgemeinde von 1888 gleichkommen. Die Zahl der Communicirten 1848 war 2945 gegen 3214, welche die Gemeinde im letzten Jahre 1888 hatte. Doch war allerdings in dem letzten Jahre bereits die zweite Gemeinde unter

Pastor Fr. Bünger entstanden, deren Amtshandlungen aber noch in diesen letzten Berichten eingeschlossen sind. — Wie sehr auch die Schule trotz den armseligen Localverhältnissen und dem Mangel an Lehrbüchern unter der Leitung des Candidaten Bünger aufblühte, darüber lesen wir in seinem von Dr. Walther verfaßten Lebenslauf S. 58 Folgendes:

„Unter Büngers Leitung kam die Schule bald empor. Da er sich bemühete, den Kindern wirklich Etwas beizubringen, und namentlich Fleiß anwandte, die Anfänger bald möglichst zu befähigen, dem Unterrichte mit Nutzen zu folgen, so kam die Schule sehr in Aufnahme. Auch viele nicht zur lutherischen Gemeinde gehörende Eltern schickten ihre Kinder in dieselbe, weil sie erkannten, daß dieselben dort nicht nur gut unterrichtet, sondern auch zu feiner Zucht gewöhnt wurden.

„Auch die deutschen Radicalen hatten damals eine Schule in St. Louis errichtet. Der Lehrer an derselben war ein deutscher Student, der wohl in Leipzig Jura studirt hatte, es aber doch nicht verstand, seinen Schülern die nothwendigsten Elementarkenntnisse beizubringen. Er erging sich in hohen Reden, prahlte viel von wissenschaftlicher Bildung, die er den Kindern beibringe, und dafür ließ er sich jährlich 600 Dollars bezahlen. Seine Schüler hatten monatlich 1 Dollar Schulgeld zu entrichten; aber sie lernten dafür äußerst wenig. Nachdem diese Schule etwa zwei Jahre bestanden, brach sie vollständig auf; die Mehrzahl der Kinder kam fortan zu Bünger in die lutherische Schule.

„Diese hatte eigentlich nur Raum für höchstens fünfzig Schüler (das Bett des Lehrers und sein übriges Hausgeräth nahmen einen nicht unbedeutenden Theil des engen Raumes weg); oft aber waren achtzig anwesend. Dann mußten sie theils draußen auf der Veranda, theils auf der nach oben zur Wohnung des Pastors führenden Treppe Platz nehmen, auf deren Stufen sie dicht aneinander gedrängt saßen. So vortrefflich war der Ruf der Schule geworden, daß selbst der „evangelische" Pastor Wall sein Pflegekind in dieselbe sandte.

„Die Lehrgegenstände, welche in dieser Schule getrieben wurden, waren: Biblische Geschichte, Katechismus, Lesen, Schreiben, Rechnen, gemeinnützige Kenntnisse und etwas englische Sprache."

Die Ueberfüllung dieser Schule, das Bedürfniß der im nördlichen Stadttheil wohnenden Glieder, wegen weiter Entfernung eine Schule in ihrer Mitte zu haben, die gegründete Hoffnung auf erfolgreiche Mission durch dieselbe unter den dort zahlreich wohnenden Deutschen gab der Gemeinde trotz ihrer noch auf der Kirche lastenden Schuld den Muth, die Errichtung einer Schule in diesem Stadttheil in Angriff zu nehmen. Dazu trat noch ein anderer Umstand fördernd hinzu. Pastor Walthers Gesundheit war noch immer nicht fest und beständig, während seine Arbeit sich immer mehrte. Die Nothwendigkeit, ihm im Amt eine Hülfe zu schaffen, trat immer unabweisbarer an die Gemeinde heran. Und die Gemeinde war rasch entschlossen. Am 2. Mai 1844 ward Candidat Fr. Bünger, der bisherige Lehrer, als zweiter Pastor berufen und am 9. Sonntag nach Trinitatis unter Assistenz Pastor Schieferdeckers ordinirt. Sein officieller Titel war Vicar. Seine Functionen sollten sein 1.) die Nachmittagspredigten an Sonn- und Festtagen, und wechselsweise die Wochenpredigten; 2.) bei Austheilung des heiligen Abendmahls zu helfen; 3.) alle Amtshandlungen, Taufen, Trauungen, Beerdigungen u. s. w., zu übernehmen, die ihm der erste Pastor zuwies; kurz, 4.) demselben zu assistiren, so oft derselbe seine Hülfe in Anspruch nehmen wollte und mußte. Zugleich sollte er vorläufig noch an der Schule mit aushelfen. Da er aber der Schule nicht mehr seine ganze Kraft und Zeit widmen konnte, so schritt die Gemeinde auch sogleich zur Wahl eines neuen Schullehrers, den sie in der Person des Cantor Theodor Büngers gewann, der am 24. August 1844 in sein Amt eingeführt wurde. Unterdessen aber hatte die Gemeinde auch schon im sogenannten „St. Louis Garten" an der Wash und Achten Straße ein gemiethetes Haus zur Schule eingerichtet, in welcher Nachmittags Schule gehalten wurde, während Vormittags in der Schule der Dreieinigkeitskirche unterrichtet wurde. Im Jahre 1847 wurde sodann ein Candidat Flessa als Lehrer der obern Schule berufen, während Cantor Bünger die untere Schule übernahm. Mitten in diesen Unternehmungen kaufte die Gemeinde auch noch zehn Acker südlich vom Arsenal zum Zweck der Anlegung eines Gottesackers für $950.00, auf welchem Platz später das Concordia Seminar errichtet wurde, wozu die Gemeinde der Synode zwei Acker schenkte. Dieser Kauf wurde schon Ende Februar des Jahres 1845 abgeschlossen und zugleich eine genaue Gottesacker-Ordnung entworfen, die in ihren wesentlichen Bestimmungen noch heute in Geltung ist. —

Noch drei andere für die Gemeinde wie für die ganze lutherische Kirche dieses Landes überaus wichtige Unternehmungen, durch Pastor Walther angeregt, traten in diesen Jahren in's Leben. Das erste war die Herausgabe einer kirchlichen Zeitschrift unter dem Namen „Lutheraner", der jetzt bereits in seinem 45. Jahrgang erscheint. In einer Versammlung der Gemeinde am 3. Juli 1844 legte der Pastor ihr die Nothwendigkeit und Wichtigkeit, sowie den Plan einer solchen populären Zeitschrift dar und die Gemeinde versprach einstimmig mit großer Freudigkeit, ihm zur Herausgabe und Verbreitung derselben behülflich zu sein. So erschien denn anfangs September 1844 die erste Nummer des Blattes, das der lutherischen Kirche zu so unberechenbarem und ungehofftem Segen gereichen sollte und der erste äußere Anstoß zur Gründung der Missourisynode wurde.

Das zweite Unternehmen war die Herausgabe eines eigenen, echt lutherischen Gesangbuches. Wie schreiend auch dies Bedürfniß war, sieht man daraus, daß in den Gottesdiensten die Liederstrophen beim Gemeindegesang vorgesagt werden mußten, wie früher gemeldet. Zum erstenmal legte Pastor Walther diese wichtige Angelegenheit der Gemeinde in ihrer Versammlung am 10. November 1845 vor. Die Gemeinde ging auch auf diesen Plan mit Freuden ein und beschloß, den Verlag selbst zu übernehmen. Pastor Walther mit einigen Amtsbrüdern stellte die Auswahl der Lieder zusammen. Dem Drucker Ludwig in New York wurde der Druck übergeben mit der Bestimmung, denselben stereotypiren zu lassen, und im August 1847 wurde dasselbe zuerst in der Gemeinde hier eingeführt.

Eine dritte, folgenschwere und hochgesegnete Angelegenheit beschäftigte in diesen Jahren die Gemeinde und erfuhr ihre kräftigste Mitwirkung. Es war dies die Gründung der evangelisch-lutherischen Synode von Missouri,

Ohio und anderen Staaten. Zum erstenmal in einer Versammlung vom 11. Mai 1846 legte Pastor Walther diese Sache zur Berathung vor und zeigte, wie nothwendig und heilsam es sei, wenn eine Synodalverbindung der rechtgläubigen Prediger und Gemeinden in den Vereinigten Staaten zu Stande käme, ohne Schmälerung der Gemeinderechte. Nachdem die Gemeinde die Gründe dafür angehört hatte, beschloß sie, in eine solche Synodalverbindung treten zu wollen, wenn die Constitution derselben Gottes Wort nicht entgegen und den Gemeinderechten nicht nachtheilig sei. Und was sie beschloß, das führte sie auch aus. Sie gestattete ihrem Pastor willig öftere und kostspielige Reisen auf ihre Kosten zu gemeinschaftlichen Berathungen mit anderen Pastoren (eine Reise nach Fort Wayne, Ind., kostete z. B. damals $50.00) und war unter den Gemeinden mit die erste, welche einen Delegaten sandte und der im Jahre 1847 in's Leben tretenden Synode sich glieblich anschloß. —

Ueberlegen wir nun einen Augenblick, was die Gemeinde in dieser kurzen Zeit ausrichtete. Sie war noch klein an Zahl, noch arm an irdischen Gütern, noch nicht einmal recht heimisch im neuen Vaterland, mit seiner Sprache nicht vertraut, ohne Einfluß und Ansehen in der Stadt, und doch eine solche große kirchliche Thätigkeit, ein solcher brennender Eifer für Gottes Reich, solche große, kostspielige, weittragende Unternehmungen für die Kirche nach innen und außen — können wir anders als mit höchster Verwunderung Gottes Gnade über diese Gemeinde preisen, welche ihr solchen Glaubensmuth, solche Inbrunst der Liebe, solche Selbstverleugnung und Opferwilligkeit und solchen großen Segen verliehen? —

Wahrlich, es ist wie ein Wunder vor unsern Augen! — Es war eine Zeit erster Liebe, wie sie ach! gar selten gesehen wird. —

Und mit all diesen großen Werken trat nicht etwa nun ein Stillstand in dieser wunderbaren Thätigkeit der Gemeinde ein. Nein. Auch die folgenden Jahre zeugen von demselben Geist des Glaubens und freudiger Opferwilligkeit. Die Nothwendigkeit, im nördlichen Stadttheile auch durch die Predigt des Wortes zu missioniren, war schon öfter in den Gemeindeversammlungen erwähnt worden. Das rasche Aufblühen der Schule brachte diese Gedanken zur Ausführung. Auf Anordnung der Gemeinde wurde an der Ecke der Elften Straße und Franklin Avenue ein Bauplatz gekauft und am 1. Juni 1847 dem Baumeister Milburn der Bau der Kirche für $4142.00 zugesprochen. Für Altar und Kanzel waren $320.00 extra erlaubt. Auch in dieser Kirche wurde der Unterraum für die Schule bestimmt. Ihr Name sollte Immanuel sein. In den Grundstein, der ohne feierlichen Gottesdienst gelegt wurde, kam ein kupfernes Kästchen mit folgendem Inhalt: 1.) das neue Gesangbuch, 2.) die Geschichte der Gemeinde, 3.) die vier ersten Nummern des ersten Jahrgangs des „Lutheraner" und die zuletzt erschienene, 4.) die Gemeindeordnung. Die Kirche, mit einem stattlichen Thurm geziert, damals eine Zierde dieses Stadttheils, ward am Sonntag Sexagesima und Montags 1848 mit Freuden eingeweiht. Pastor Walther predigte auf Grund von Jes. 42, 8. über das Thema: „Worin besteht die Ehre, die wir Gott in diesem Hause geben, wenn wir dasselbe nach seinem Namen nennen wollen?" In der Einleitung behandelte er Jef. 8, 10.: „Beschließet einen Rath und es werde nichts daraus; beredet euch und es bestehe nichts, denn hie ist Immanuel." Die bei der Immanuelskirche wohnenden Gemeindeglieder bildeten aber nun nicht etwa eine neue Gemeinde: sondern es blieb nach wie vor eine einzige Gemeinde: Walther der Pastor, Bünger sein Vicar, welche abwechselnd jeden andern Sonntagvormittag in den beiden Kirchen predigten. Kassen, Versammlungen, alles, was zum Gemeindewesen gehört, war gemeinsam. Nur wurden die Gemeindeversammlungen abwechselnd in der obern und untern Kirche gehalten. Wie das Kirchenwesen, so nahm auch

das Schulwesen

einen überaus erfreulichen Fortgang und wollen wir seine Geschichte gleich bis zum gegenwärtigen Jubeljahre fortführen. Die Schule in der Immanuelskirche war für zwei Klassen eingerichtet und schon im Januar 1848 eingeweiht. Herr Ulrich wurde auf Empfehlung Dr. Sihlers für diese, der Organist der Dreieinigkeitskirche, Koch, an die untere Schule berufen und Anfangs März dieses Jahres eingeführt, ersterer nach Ostern. Ende Oktober folgte Candidat Flessa einem Ruf in's Predigtamt nach Franklin County, Mo., und an seine Stelle ward Ed. Roschke gewählt, der im November von Pastor Walther mit einer herrlichen Rede: „Die Wichtigkeit des Amtes eines Volksschullehrers" in sein Amt eingeführt wurde. Damals waren die Schulen noch in Knaben- und Mädchenschulen getrennt, obwohl die Lehrer wechselsweise in beiden unterrichteten. Dieser Lehrer war der einzige, der keinem andern

Rufe folgte und sein Amt an der Schule dieser Gemeinde mit großer Treue und viel Segen 33 Jahre verwaltete. Im Jahre 1881 mußte er eines Brustleidens wegen sein Amt niederlegen und starb im Glauben seines Heilandes, 73 Jahre alt, am 27. April 1888, von der ganzen dankbaren Gemeinde betrauert.

In so gutem Stande nun das Schulwesen der Gemeinde erschien, so war es doch damit noch lange nicht vollendet. Schon im Jahre 1850 beschloß die Gemeinde, eine neue Schule auf dem Gottesackerlande zu bauen, wo in demselben Jahre das Concordia College erbaut worden war und schon eine Anzahl Gemeindeglieder wohnte. Dieselbe wurde von Pastor Walther am 7. Juli 1851 eingeweiht mit einer ergreifenden Rede über Psalm 126, 3.: „Der HErr hat Großes an uns gethan, deß sind wir fröhlich." An diese Schule wurde Herr Lehrer H. Erck berufen, der heute noch im Segen an ihr arbeitet. — Aber auch in ihrem eigenen District war die Gemeinde mit ihren Schulen noch nicht zum Abschluß gekommen. Der Unterraum der Dreieinigkeitskirche erwies sich bald zu klein für die Anzahl Schüler, die herzu kamen. Dazu war durch Anbau von Häusern und Errichtung einer großen Eisenfabrik ganz in der Nähe der Kirche die Schule ihres nöthigen Lichtes, sowie ihrer Luft und Stille beraubt. Die Nothwendigkeit eines bessern Schullocals war so unabweisbar, daß die Gemeinde im März 1852 den Bauplatz Ecke Achter und Barry Straße für $3100.00 kaufte, wo heute ein dreistöckiges Schulgebäude mit vier großen hellen Schulräumen, im dritten Stock mit einem großen Saal für Gemeindeversammlungen, steht. Dieses Gebäude wurde im

Jahre 1866 für $18000.00 errichtet und befindet sich darin gegenwärtig eine dreiklassige Schule: die erste Klasse unter Lehrer A. Käppel mit 74 Schülern, die zweite unter Lehrer H. Zagel mit 70 Schülern, die dritte mit 54 Schülern unter einer Lehrerin, Fräulein Agnes Bünger, der jüngsten Tochter des seligen Pastor Bünger. Das erste Gebäude aber, das die Gemeinde auf diesem Platze aufführte, war ein zweistöckiges für zwei Schulen und wurde am 30. August 1852 eingeweiht. Auf demselben Platz stand beim Ankauf ein Framehaus, welches in wohnlichen Stand gerichtet und vermiethet ward. Später wurde es für eine Reihe von Jahren Pfarrwohnung für Pastor Schaller. Lehrer Koch übernahm die neue Schule, aber in Folge der großen Kinderzahl berief die Gemeinde noch in demselben Jahre O. Ernst aus dem praktischen Seminar in Fort Wayne, der im Januar 1853 als Lehrer an der Klasse der kleinen Kinder eingeführt wurde. Auch hiermit war das Schulwesen der Gemeinde noch nicht ausgebaut. Herr Roschke unterrichtete noch im Unterraum der Kirche, aber je länger je mehr erkannte man, wie ungenügend und ungesund für Lehrer und Schüler dieses Local war. Die Gemeinde kaufte daher schon im September 1853 einen Bauplatz an Cedar, zwischen Dritter und Vierter Straße, 32 bei 60 Fuß, für $1000.00 und baute abermal ein zweistöckiges Schulhaus. Die erste Klasse daselbst übernahm Lehrer Roschke, an die zweite wurde Lehrer K. Brauer berufen. Cantor Bünger, welcher schon früher an die Immanuelsschule versetzt worden war, wurde im December dieses Jahres mit blutendem Herzen seine friedliche Entlassung an eine Lehrerstelle in New Orleans, La., gegeben. An seine

Stelle berief die Gemeinde vorläufig ein Glied aus ihrer Mitte, Herrn Moritz Große, der die Klasse der kleinen Kinder übernahm. Am 30. März wurde Herr L. Volkening als Lehrer an diese Schule berufen und eingeführt. Lehrer Brauer folgte im October 1855 einem Ruf an die Gemeinde in Cleveland, O., und an seine Stelle wurde Lehrer C. Eckhardt aus Milwaukee, Wis., berufen, später folgte Lehrer Mebelmann, der eben aus Deutschland gekommen war. Beide reichten in der Versammlung am 30. Juli 1862 ihre Resignation ein, welche sofort angenommen wurde, während Lehrer Koch mit Widerstreben und ungern friedliche Entlassung zur Annahme des Berufes an die Schule in Minden, Ill., gegeben wurde. — Die Gemeinde unterzog nun in diesem Jahre 1863 ihr Schulwesen einer gründlichen Berathung. Der Schwerpunkt der Gemeinde, sowie die deutsche Ansiedlung in St. Louis verlegte sich mehr und mehr nach dem Süden der Stadt, sonderlich nach dem Theil, der den Namen St. George erhielt. Die Schule an Cedar Straße verlor an Schülerzahl, während in St. George sich ein neues, versprechendes Missionsfeld für eine Schule aufthat. Das Ergebniß der Berathung war nun dieses: Die Schule an Cedar Straße wurde zu einer einklassigen, gemischten Schule gemacht, an welche Lehrer C. Krauß berufen wurde. Die Schule an Barry Straße blieb zweiklassig, Roschke von der Schule an Cedar Straße wurde an die erste Klasse versetzt, Lehrer O. Gotsch aus der Bremer Schule des Pastor Claus an die zweite Klasse berufen, endlich in St. George eine neue Schule in einem gemietheten Hause eröffnet, an welche Lehrer Leonhardt Gruber aus dem Lehrerseminar in Fort Wayne berufen war. Die Miethe dieses Locals bezahlten freiwillig aus ihren eigenen Mitteln die Brüder H. Kalbfleisch und Christian Lange bis zum Jahre 1865. Diese Schule erfreute sich eines herrlichen Aufblühens und im Jahre 1867 kaufte die Gemeinde Ecke Bismarck und Victor Straße einen großen Bauplatz und errichtete darauf ein zweistöckiges Schulgebäude für $6330.00, das am 9. September desselben Jahres mit Freuden eingeweiht wurde. Zugleich wurde nun auch hier eine zweite Klasse eröffnet, an welcher Fräulein Carolina Brant angestellt wurde. Unterdessen stiegen die Anforderungen an die Schulen immer mehr und nach glücklich vollendetem Bau der neuen Dreieinigkeitskirche beschloß die Gemeinde den vorerwähnten Bau des vierklassigen Schulhauses an der Ecke von Barry und Achter Straße. Dieses herrliche Schulgebäude wurde am 10. März 1867 eingeweiht und Lehrer Krauß an diese Schule versetzt, während die Schule an Cedar Straße einging. Nun waren an dieser Schule vorläufig drei Klassen. Als Krauß 1868 einem Ruf an die St. Louiser Hochschule, die ebenfalls in dieser Zeit von den St. Louiser Gemeinden gegründet worden war, folgte, berief die Gemeinde H. Almstedt an seine Stelle und an die Klasse der kleinen Kinder Fräulein M. Niese, welcher nach ihrer Rückkehr nach Deutschland Pfarrerswittwe Pohle folgte. Nachdem dieselbe bis zum Jahre 1877 mit Segen der Schule vorgestanden, dann aber ihres Alters wegen zurücktrat, wurde die Schule nach längerer Unterbrechung Fräulein Louise Bertram und nach deren Verheirathung 1887 der schon genannten Fräulein Agnes Bünger übergeben. In die Klasse Roschke's trat Ostern 1883 Lehrer A. Käppel. Lehrer Almstedt mußte eines Augenleidens wegen sein Amt aufgeben und in seine Stelle trat H. Zagel. Die Schule befindet sich unter ihren eifrigen Lehrern in blühendem Zustand.

Auch in der St. Georgeschule traten manche Veränderungen ein, die aber ihren gedeihlichen Fortgang nicht hinderten. Fräulein Brant mußte zum Leidwesen der Gemeinde ihren gesegneten Dienst an der Schule Krankheits halber aufgeben; doch fand sich für ihre Stelle bald wieder ein trefflicher Ersatz in Fräulein Pauline Beyer, welche, in Deutschland als Diakonissin und Lehrerin ausgebildet, der Schule bis zum August 1873 mit großem Geschick vorstand. Als sie sich mit dem nun bereits selig heimgegangenen Lehrer Leeser in Des Peres verheirathete, berief die Gemeinde aus dem praktischen Predigerseminar Fr. Mackensen, der seitdem mit großem Segen der zweiten Klasse dieser Schule vorsteht. Im Januar 1875 folgte Lehrer Gruber einem Beruf nach Joliet. In der Person des Lehrers C. F. Günther aus Albany, N. Y., gewann die Gemeinde für diese ihre erste Klasse wieder eine neue vortreffliche Kraft und die Schule kam in einen blühenden Zustand. Anfangs der achtziger Jahre machte die immer größer werdende Zahl der Schüler auch hier die Einrichtung einer dritten Klasse nothwendig. Mit Freuden beschloß die Gemeinde, an das jetzige Gebäude einen gleich großen Anbau für $2470.00 zu machen, und schon im Herbst 1883 bezog die unterdessen verwittwete Frau Pauline Leeser, geb. Beyer, die neue Schule. Ihre Klasse zählt jetzt 90, Lehrer Mackensens 89 und Lehrer Günthers 84 Kinder.

In Anbetracht dieses außerordentlichen Zuwachses der Schule hat die Gemeinde in ihrer Aprilversammlung dieses

Jahres beschlossen, eine neue Schule im westlichen Theil der Stadt zu gründen. Bereits ist ein Bauplatz an Jefferson Avenue und Victor Straße für $2626.00 gekauft und hofft man die Schule im September dieses Jahres mit Gottes Hülfe eröffnen zu können. Möge sie ein neues Denkmal der Dankbarkeit der Gemeinde für Gottes unverdienten Segen sein und ein neues Zeugniß, daß der alte freudige Geist der Väter und Gründer für den Bau des Reiches Gottes auch noch heute in ihren Kindern fortlebt und verkündigt die Tugenden deß, der sie berufen hat von der Finsterniß zu seinem wunderbaren Licht. Ja, möge auch hier wieder das Wort göttlicher Verheißung sich erfüllen: „Ich will dich segnen und du sollst ein Segen sein." — Kehren wir nun zurück und verfolgen

den weiteren äußeren Entwickelungsgang der Gemeinde.

Als Pastor Walther die erste Anregung zur Gründung einer evangelisch-lutherischen Synode in die Gemeinde brachte, da erkannte dieselbe freilich bald die hohe Wichtigkeit eines solchen Körpers für die Kirche und beförderte den Plan auf alle Weise. Aber sie hatte auch zugleich die Vorahnung, daß der Mann, der diesen weitsehenden Plan entwarf und seine Ausführung mit so hohem Scharfsinn so praktisch und segensreich formulirte, bestimmt sei, in diesem größeren Kirchenkörper eine hervorragende Stellung einzunehmen, und seiner Gemeinde endlich gar entzogen werden könnte. Sie instruirte daher ihren Delegaten, bei Constituirung der Synode in Chicago 1847 gegen die Wahl ihres Pastors als Präses zu protestiren. Aber dieser Protest war so vergeblich, wie ihr zweiter Protest gegen die Wahl ihres Pastors zur Professur am Concordia College. Auf Pastor Walthers Vorschlag war nämlich die Gemeinde gerne einverstanden gewesen, daß „Der Lutheraner" von nun an Organ der neugegründeten Synode und auch das in Perry County schon 1839 gegründete Concordia College und Predigerseminar Synodaleigenthum und von der Synode aus seinem gegenwärtigen entlegenen Orte nach St. Louis verlegt werde. Die Synode hatte Beides mit Dank angenommen, aber auch sogleich Pastor Walther als den geeignetsten Mann zu ihrem Präsidenten, zum Redacteur des „Lutheraner" und zum ersten Professor am College erwählt. Letzteres geschah im Jahre 1849. Noch in demselben Jahre begann hier unter kräftiger Mithülfe der Gemeinde der Bau des neuen Seminars auf dem Gottesackerlande. Am 8. November wurde der Grundstein gelegt, wobei Pastor Walther die Rede hielt und in derselben zeigte, daß gerade die wahre Kirche von jeher die treueste Pflegerin aller Wissenschaft und schönen Künste sei. Sie ist gedruckt in den „Brosamen", S. 323. Natürlich war die Gemeinde auf's höchste bestürzt, als sie sah, daß ihr ihr Pastor entrissen werden sollte, an dem sie mit so inniger Liebe und so großem Vertrauen hing, unter dessen hingebender Treue und außerordentlichen Amtsgaben sie in wenigen Jahren ein so hocherfreuliches Wachsthum nach innen und außen erfahren durfte. Erst wollte die Gemeinde einfach gegen die Synodalbeschlüsse protestiren. Allein sie wäre nicht Walthers Gemeinde gewesen, wenn sie in diesen wichtigen Fragen der jungen, eben aufkeimenden lutherischen Kirche einfach auf ihrem Kopfe bestanden wäre. Ihr Pastor hatte sie gelehrt, daß lutherisch sein so viel heiße als: in allen Fragen des Herzens und Gewissens nach Gottes Wort zu urtheilen und sich demselben demüthig zu unterwerfen. Sobald die Gemeinde daher, wiewohl nach langen Berathungen, zur Erkenntniß kam, daß ihres Pastors vielseitige Gaben in den neuen Stellungen für die Kirche im Großen und Ganzen einen viel weiteren und segensreicheren Wirkungskreis hätten, so ergab sie sich auch mit derselben Selbstverleugnung, mit der sie bisher in ihrer großen irdischen Armuth mit ihren geringen Mitteln Kirchen und Schulen baute, auch in dies allerschwerste Opfer und entließ ihn in das berufene wichtige Amt. Doch nicht ganz. Die Gemeinde stellte die Bedingung, daß Walther fernerhin ihr Pastor bleibe und Oberaufsicht und Leitung der Gemeinde in der Hand behalte. Ein zweiter Vicar, wie Pastor Bünger, sollte gewählt werden, der die Seelsorge und Amtshandlungen versehen sollte; aber Walther sollte dreizehnmal im Jahre predigen, einschließlich der hohen Feste, und den Versammlungen der Gemeinde und Vorsteher, wenn irgend möglich, beiwohnen. Diese Bedingungen ging Walther mit Freuden ein und ward durch das Uebereinkommen der Grund gelegt zu der St. Louis ganz eigenthümlichen kirchlichen Organisation unter dem Namen Generalgemeinde, bestehend aus vier großen Gemeindedistricten, an deren Spitze er als Pfarrer in großem Segen wirkend bis zu seinem Tod, am 7. Mai 1887, verblieb. Wir werden hierüber später noch mehr zu berichten haben.

In der Versammlung der Gemeinde am 10. October war dies Uebereinkommen zwischen Pastor Walther und der Gemeinde getroffen. Am 24. October ward Pastor Fr. Wyne-

Paſtor F. Wyneken.

ken von Baltimore, Md., berufen, und hielt am 28. April 1850 in beiden Kirchen, Vormittags in der Dreieinigkeits=, Nachmittags in der Immanuelskirche, seine Antrittspredigt. In dieſem Jahre zählte die Gemeinde ſchon 944 Seelen, 245 Stimmberechtigte, 424 Schulkinder in 4 Schulen und beſaß zwei Kirchen und einen Gottesacker. Unter den damaligen Verhältnissen in acht Jahren ein wunderbares Wachsthum! Und mit Pastor Wyneken hatte Gott der Gemeinde für ihr Predigtamt wieder eine ganz außerordentliche Kraft gegeben. Er war auf der Kanzel ein hinreißender Prediger mit wahrhaft apostolischem Geiste. Doch betrat er sie nie ohne Furcht und Zittern; ja, er fühlte sich in der Sacristei manchmal wirklich so krank, daß er auf die Kanzel hinauf wankte und todtenbleich droben stand. Sobald er aber etwas warm geworden und die Angst geschwunden war, floß auch der Strom seiner Beredsamkeit mit solcher ergreifenden Macht, daß er die Zuhörer mit sich hinriß. Er predigte das Gesetz mit allen Schrecken Sinai's, daß den Zuhörern fast die Haare zu Berge stiegen und ihnen zu Muthe war, als schauten sie in das offene Feuer göttlichen Zorns und ewiger Verdammniß. Wiederum, predigte er das Evangelium von der freien Gnade in Christo, so jauchzte des Zuhörers Herz oft voll gewisser seliger Freude und meinte vor dem offenen Himmel zu stehen, seine unaussprechliche Herrlichkeit mit Augen zu schauen und das freundliche Wort zu hören: So, nun tritt ein; das ist alles dein und dir zu eigen geschenkt durch deinen Heiland. Es ist wahr: seine Predigten überschritten manchmal in Bezug auf die Zeit das Maß. Sie dauerten zuweilen wohl anderthalb Stunden, was ihm selbst nicht recht war, er aber nicht bessern konnte. Er erbat sich von der Gemeinde eine Sanduhr für die Kanzel, und dieselbe ließ laut Protokoll zwei von Deutschland kommen, da in Amerika noch keine zu finden waren. Aber auch dies Mittel half nicht viel. Er schaute zwar fleißig hin, ob die Stunde schon abgelaufen sei; aber es geschah ihm auch, wenn er im Feuer war, daß er die Uhr, wenn sie abgelaufen war, wieder umdrehte und ruhig weiter predigte. Nicht weniger mächtig und eifrig war Wyneken auch in der Seelsorge. Böswillige Sünder mit Gottes Zorn und Strafe schrecken, niedergeschlagene und zagende mit süßem evangelischen Troste aufrichten, Traurige fröhlich, Wankende fest und getrost machen, verstand er wie ein rechter Meister in Israel. Doch was soll unsere schwache Feder den Mann loben, dem unser theurer Dr. Walther in nachstehenden Worten ein so großes, aber hochverdientes Lob spendete, als seine Todesnachricht die Synode in Trauer versetzte! Derselbe schreibt nämlich im „Lutheraner" von 1876, S. 73 Folgendes über den seligen Wyneken: „Mit seinem Herzen steht nun ein Herz still, wie gewiß kein anderes wärmer für Gottes Reich in Amerika geschlagen hat. Mit ihm steigt ein Mann in das Grab, den schon vor beinahe vierzig Jahren nichts, als das brünstige Verlangen, nach Amerika trieb, hier seine verlassenen Brüder nach dem Fleisch aufzusuchen und ihnen die selige Botschaft des Evangeliums von Christo, dem Heilande der Sünder, zu bringen, und der während dieser ganzen Zeit zu der Zahl jener Wenigen gehörte, von denen der Heilige Geist bezeugt: ‚Welche Menschen ihre Seelen dargegeben haben für den Namen unseres HErrn JEsu Christi.' (Apost. 15, 26.) Ein reich- und hochbegabter Geist, ein wahrhaft evangelischer Prediger, ‚ein beredter Mann und mächtig in der Schrift', ein in der Schule schwerer geistlicher Anfechtungen hocherfahrener Seelsorger, ein unerschrockener Zeuge der reinen vollen Wahrheit, ein tapferer Kämpfer für dieselbe, ein treuer Kirchen-Wächter, ein Mann ohne Falsch, dessen ganzes Wesen den Stempel der Gerabheit und Biederkeit trug, ein Feind aller Lüge und Heuchelei, eine wahre Nathanaels=Seele, kurz, ein rechtschaffener Christ und treuer Knecht seines HErrn, der aber in wahrer Demuth nur seine Schwachheit, nicht seine Stärke kannte, ist er ganzen Schaaren von Predigern und Laien ein Vorbild, Tausenden ein geistlicher Vater, ganzen Gegenden Amerika's ihr Apostel, von Allen aber, die ihn kannten, geliebt und geehrt gewesen, eine der schönsten Zier=den und eines der gewaltigsten Rüstzeuge unseres amerikanisch=lutherischen Zions, dessen Name nie verwesen, sondern geseg=net sein und bleiben wird, so lange unsere hiesige lutherische Kirche ihres Namens würdig bleibt."

Aber auch dieser theuren Gabe durfte die Gemeinde sich nicht lange ungestört erfreuen. Schon Ende des Jahres 1850 wurde er an Stelle Prof. Walthers zum Präses der Synode erwählt und war in Folge der damit verbundenen Visitation der Synodalgemeinden oft und lange von hier ab=wesend. Ja, im Jahre 1851 mußte die Gemeinde die beiden ihr so theuren Männer, Walther und Wyneken, als Delegaten der Synode nach Deutschland entlassen, damit sie wo möglich den drohenden Bruch zwischen der Synode und Pfarrer Löhe in Bayern verhüteten, der bisher der treueste Freund und Beförderer der reinen lutherischen Kirche in Amerika gewesen war, das praktische Predigerseminar in Fort Wayne gründete, und mit überaus tüchtigen und frommen Studenten von Deutschland her versorgte. Am 15. August reisten die beiden Männer ab und kehrten durch Gottes Gnade und zu großer Freude der Gemeinde am 2. Februar 1852 wohl behalten wieder, freilich ohne den erflehten Erfolg in Bezug auf Pfarrer

Löhe, zurück. In der Zwischenzeit hatte Dr. W. Sihler von Fort Wayne die Gemeinde hier bedient. Mit welchem fröhlichen Herzen er dies halbe Jahr hier das Predigtamt versah, wollen wir später mit seinen eigenen Worten mittheilen. — Im Jahre 1854 machte das rasche Wachsthum der Synode ihre Theilung in vier Districte nothwendig. Jeder District wählte seinen Präses, die Gesammtsynode ihren Allgemeinen Präses, dem die Visitationen der Gemeinden, der Besuch der synodalen Lehranstalten und der jährlichen Versammlungen der Districte, sowie die Leitung der alle drei Jahre sich versammelnden Allgemeinen Synode als sein Amt zugewiesen wurden. Die Wahl fiel auf Pastor Wyneken und dies Amt wurde nun Ursache, daß er den größten Theil des Jahres von der Gemeinde hier abwesend war. Ja, er siedelte, da St. Louis so weit vom Mittelpunkt der Synode entfernt war, schließlich mit Bewilligung der Gemeinde 1859 nach Fort Wayne über, und als er 1865 das Präsidium wegen Kränklichkeit niederlegte, wagte er es nicht mehr, an die hiesige Gemeinde und in diese große Arbeit zurückzukehren, sondern erbat sich von ihr friedliche Entlassung zur Annahme einer kleinen Gemeinde in Cleveland, Ohio. Nach langen Unterhandlungen willigte die Gemeinde endlich, obwohl mit schwerem Herzen, ein. Er hatte ihr eigentlich kaum vier Jahre gedient und doch wird sein Name in der Gemeinde unvergessen und gesegnet bleiben. — Am 4. Mai 1876 ging dieser fromme und getreue Knecht Gottes durch einen seligen Tod zu seines HErrn Freude ein.

Sobald Pastor Wyneken im Juli 1854 das Allgemeine Präsidium übernommen hatte, mußte die Gemeinde zur Wahl eines neuen Vicars schreiten und JEsus, der treue Erzhirte und Bischof seiner Kirche, gab ihr auch auf ihr Flehen abermal einen rechten Hirten nach seinem Herzen. Es war

Pastor G. Schaller.

Gottlieb Schaller, Pastor in Detroit, Michigan. Derselbe war schon in Baiern sechs Jahre Vicar des gläubigen und treuen Pfarrers Brandt gewesen und hatte durch seine herrlichen Predigtgaben allgemeine Aufmerksamkeit erweckt.

Durch Pfarrer Löhe, den einstmaligen treuen Freund der Missourisynode, war sein Interesse für die lutherische Kirche in Amerika erweckt und er entschloß sich, ihr in ihrer großen Noth um Pastoren zu Hülfe zu eilen. Im Jahre 1849 landete er in New York, bediente kurze Zeit eine Gemeinde in Philadelphia, war hierauf Vicar der Gemeinde Wynekens in Baltimore bis zur Ankunft Pastor Keyls, worauf er November 1850 eine Gemeinde in Detroit übernahm. In großem, unvergeßlichem Segen arbeitete er hier nicht ganz vier Jahre, als ihm der HErr das große und wichtige Arbeitsfeld in St. Louis anwies, welche Stadt von nun an sein Wohnort blieb, bis er in die himmlische Heimath eingehen durfte. Am Sonntag nach dem Reformationsfest 1854 trat er sein Amt an dieser Gemeinde an. Mit welchem Herzen er hier aufgenommen wurde und was für ein gutes Gerücht ihm hier schon vorausgegangen war, das bezeugen die Worte, mit welchen Dr. Walther das Begleitschreiben seines Berufes hierher vom 25. Juli begann. Sie lauten: „Mein theurer Herzens-Schaller! So ist benn geschehen, was ich gewünscht, wonach ich geseufzt und was ich zuversichtlich gehofft habe: Du bist gestern mit großer Stimmenmehrheit zum Vicarius unsers lieben Wyneken erwählt worden.... O, wie freue ich mich darauf, Dich hier zu sehen und zu meinem Beichtvater zu bekommen! Daß doch Gott hülfe, daß Du recht bald Deinen Wanderstab ergreifen und Deine Schritte hierherlenken könntest!... Ich umarme Dich im Geiste und hoffe, daß ich Dich auch bald leiblich an mein Herz drücken werde." („Lutheraner" 44, S. 66.) Achtzehn Jahre war es diesmal ihm und der Gemeinde vergönnt, sein Amt an ihr zu verwalten und

mit welchem Segen, das bezeugen heute noch viele dankbare
Herzen, die ihren Schaller nie vergessen können. Er war in
vielen Stücken das Gegentheil von Pastor Wyneken. Dieser,
sonderlich im Predigen, feurig, gewaltig, herzerschütternd,
jener ruhig, lieblich, herzerquickend und herzerfreuend. Wyne=
kens Predigten waren oft wie ein mächtiger Waldstrom dahin=
brausend, alles mit sich fortreißend, Schallers dagegen einem
silberklaren Bache gleich, der durch blumenreiche Gefilde ruhig
dahinfließt und an dessen lieblichen Ufern Jung und Alt in
süßer Lust sich ergötzt. Mit andern Worten: Schallers Pre=
bigten ergriffen gleichmäßig Geist und Herz der Zuhörer durch
ihre logische Klarheit, die Wärme und Innigkeit des Gemüthes
und die klassische Schönheit der Sprache, die er mit seltener
Meisterschaft handhabte. Dazu kam seine wundervolle Tenor=
stimme und ein überaus angenehmer und herzgewinnender
Vortrag, so daß die Zuhörer, gebildete und einfältige, mit
höchster Befriedigung ihm zuhörten. Schaller war auch dich=
terisch und musikalisch hochbegabt. Die von ihm im „Luthe=
raner" erschienenen Gedichte, z. B. „Das Lied der Lieder",
„Die Rose von Saron", „Wanderung nach Zion", gehören
zu unsern schönsten christlichen Dichtungen. Er war daher
auch ein vortrefflicher Liturg. Ihn die Abendmahlsliturgie
singen hören war ein Hochgenuß und erweckte die innigste
Andacht. Da er nicht sehr gesprächig war, sondern eine mehr
innerliche und beschauliche Natur, so war ihm die Seelsorge
der schwerste Theil seines Amts. Aber er pflegte sie mit
großer Treue, und wo er zu trösten hatte, sonderlich am
Krankenbette, da geschah es bei seiner reichen evangelischen
Erkenntniß und seinem tiefen Gemüthe zu größter Erbauung

und Glaubensstärkung. Es war daher kein Wunder, daß es der Gemeinde ein schweres Opfer war, als Schaller 1872 zur Professur der Kirchengeschichte am Concordia Seminar berufen wurde und sie, den Willen Gottes erkennend, ihn in Frieden entlassen mußte. Auch er behielt eine innige Anhänglichkeit an die Gemeinde und es war ihm eine große Freude, bei verschiedenen Gelegenheiten der Gemeinde mit Predigen und anderweitig zu dienen. So war er, nachdem Pastor Brauer einem andern Rufe gefolgt war, ihr Vacanzprediger vom November 1878 bis August 1879 und während der viermonatlichen Abwesenheit des gegenwärtigen Pastors in Deutschland 1885; wie er denn auf Bitte der Gemeinde sechs Jahre lang, fast bis zu seinem Tode, dessen Assistent bei der Austheilung des heiligen Abendmahls war, wobei er immer den liturgischen Theil übernahm. — Am 19. November 1887 rief ihn sein Heiland zu seligem Feierabend seines Himmels ein. Am 23. November wurde er von seiner ihm so theuren Dreieinigkeitskirche aus unter vielen Thränen der Liebe und Dankbarkeit zu Grabe geleitet. —

Als Pastor Schaller 1872 an's Concordia Seminar berufen ward, fiel die Wahl der Gemeinde auf Pastor E. A. Brauer, welcher damals eine Professur an demselben Seminar bekleidete und schon einige Jahre als Hülfsprediger Pastor Schallers der Gemeinde lieb und theuer geworden war. Derselbe folgte auch dem Rufe mit Freuden und wurde den 17. November, am 25. Sonntag nach Trinitatis, durch Dr. Walther in sein Amt hier eingeführt. Auch ihn hat Gott hier zu reichem Segen gesetzt, und als er schon nach sieben Jahren wegen eingetretenen schweren Augenleidens und vorgerückteru Alters die Gemeinde um friedliche Entlassung nach der kleinen und ruhigeren Gemeinde in Crete, Illinois, bat, die ihn berufen hatte, wurde ihm dieselbe mit schwerem Herzen und nur in Anbetracht seines leidenden Zustandes endlich gewährt. Aber die Gemeinde konnte sich in liebendem und

Pastor F. A. Brauer.

dankbarem Andenken an ihn, trotz seines nun hohen Alters, nicht versagen, ihn zu bitten, die Hauptfestpredigt an ihrem fünfzigjährigen Jubiläum zu halten, was er auch zu ihrer großen Freude zugesagt hat. — Zu seinem Nachfolger wurde Otto Hauser, damals Director des Gymnasiums in Fort Wayne, Ind., gewählt, der am 8. Sonntag nach Trinitatis 1879 durch Prof. G. Schaller in sein Amt eingeführt wurde und dasselbe heute noch verwaltet.

Nehmen wir nun den weiteren Entwicklungsgang der Gemeinde wieder auf. Bis zum Anfang des Jahres 1856 waren zwar zwei Kirchen, aber nur Eine Gemeinde mit einem Pastor: Walther mit drei Vicaren, Bünger, Wyneken und Schaller. Um einen Einblick in das Wachsthum der Gemeinde zu dieser

Pastor Otto Hanser.

Zeit zu gewinnen, geben wir einen kurzen Bericht der Amtshandlungen von 1853 bis 1856:

Dreieinigkeitskirche: Trauungen 1853-35, 1854-39, 1855-35, 1856-30
Immanuelskirche: Trauungen 1853-36, 1854-33, 1855-39, 1856-31

Dreieinigkeitskirche: Beerdigungen 1853-20, 1854-40, 1855-25, 1856-18
Immanuelskirche: Beerdigungen 1853-13, 1854-16, 1855-8, 1856-10

Dreieinigkeitskirche: Taufen 1853-98, 1854-100, 1855-109, 1856-135
Immanuelskirche: Taufen 1853-89, 1854-103, 1855-100, 1856-116

Daß bei der raschen Zunahme der Gemeinde mit zwei weit von einander gelegenen Kirchen und Schulen die gemeinsame Regierung schwerfällig und mit mancherlei Hindernissen und Schwierigkeiten verbunden war, liegt auf der Hand, zumal ein dritter neuer District, bei dem Concordia Seminar gelegen, schon in Aussicht stand, ja, als Schuldistrict schon existirte. Ja, es war sogar nicht ganz ohne Gefahr. Um nur Eines anzuführen: Wie leicht konnte der Vorwurf erhoben werden, ein District stelle zu große Forderungen an die allgemeine Kasse für seine besonderen Bedürfnisse! Wie schnell konnte dadurch das Band der brüderlichen Liebe zerrissen oder die Interessen eines Districtes zu großem Nachtheil beschränkt werden! Was dem einen District nothwendig für den Bau des Reiches Gottes erschien, mochte dem andern nicht einleuchten. Kurz, die Aenderung der Gemeindeverfassung schien so dringend geboten, daß die Gemeinde im Februar 1856 diese wichtige Angelegenheit in ernste und sorgfältige Erwägung zog und in der Versammlung am 21. Juli desselben Jahres mit Ausnahme einer einzigen Stimme folgende Veränderung ihrer früheren Constitution annahm: Erstlich soll die Gemeinde nunmehr in drei Districte getheilt werden, den Dreieinigkeits-, Immanuels- und Concordia-District. Jeder District hat für alle seine Bedürfnisse seine eigene Kasse, verwaltet sein Eigenthum selbständig, und stellt seine eigenen Lehrer an. Zweitens sollen die drei Districte eine Generalgemeinde bilden. An ihrer Spitze steht Prof. Walther als Pfarrer, und sämmtliche Pastoren und Vorsteher der andern Districte bilden den Generalvorstand. Dieser versammelt sich unter Vorsitz des Pfarrers alle zwei Monate, ebenso oft die Generalgemeinde, bald in der einen, bald in der andern der beiden ersten Kirchen. In dieser Generalversammlung wird die Aufnahme der durch die einzelnen Districte angemeldeten neuen Glieder vollzogen, die dabei die Constitution unterschreiben und vom Pfarrer mit einer passenden Ansprache begrüßt werden.*) Ferner vollzieht diese Versammlung die Kirchenzucht, nachdem die Districte die nöthigen Vorstufen absolvirt haben. Sie stellt die Candidaten für ein vacantes Pastorat auf, während der District die Wahl vollzieht. Sie bespricht gemeinschaftlich wichtige Zeitfragen, oder angefochtene Lehren, oder vereinigt sich zu gemeinschaftlichen größern Werken, Feier von Jubiläen und dergleichen. Endlich predigen die Pastoren abwechselnd alle vierzehn Tage in den verschiedenen Kirchen; desgleichen der Pfarrer an den drei hohen Festen und am Reformationsfeste. — Das bisherige gemeinschaftliche Eigenthum wurde folgendermaßen von einer sachverständigen Committee abgeschätzt:

1. Die Dreieinigkeitskirche und Bauplatz $3000.00.
2. Deren Schulhaus an Cedar Straße $2500.00.
3. Deren Schul- und Pfarrhaus mit Bauplatz an Barry Straße $4500.00.
4. Das Concordia Schulhaus und Bauplatz $360.00.
5. Die Immanuelskirche und Bauplatz $9000.00.

Die Gemeinde beschloß nun, jeder District solle sein also abgeschätztes Eigenthum behalten; keiner dürfte je deswegen

---

*) Vergleiche das Buch: Ansprachen und Gebete, gesprochen in den Versammlungen der evang.-luth. Gesammtgemeinde und ihres Vorstandes von Dr. C. F. W. Walther, Concordia-Verlag 1888.

irgend einen Anspruch an einen andern District erheben. Die beiden älteren Districte aber verpflichten sich, dem Concordia District bei dem Bau einer eigenen Kirche auf dem ihm hierzu schon zugesicherten Bauplatz auf dem Gottesacker nach Kräften behülflich zu sein. So war diese schwierige Angelegenheit in herzlicher Bruderliebe und Eintracht zu Aller Zufriedenheit gelöst und wurde niemals durch irgend einen spätern Einspruch oder Anspruch daran gerüttelt. Der Concordia District berief Ende des Jahres 1858 Th. Brohm von New York zu seinem Pastor und baute unter kräftiger Mithülfe der andern Districte im Jahre 1868 seine Kirche, wobei der Name Concordia in Kreuzgemeinde geändert wurde. — Im Jahre 1858 eröffnete der Immanuelsdistrict weiter nördlich eine Missionsschule und 1860 organisirte Pastor Bünger daselbst eine neue Gemeinde unter dem Namen Zion, welche den Candidaten E. Böse vom Concordia Seminar berief und nun als vierter District in den Verband der Generalgemeinde eintrat.

Widmen wir hier dieser eigenthümlichen Organisation der „Generalgemeinde" noch eine kurze Betrachtung. Entstanden ist sie ganz naturgemäß. Erstlich nämlich waren die älteren Glieder und Gründer der Gemeinde, die um des Glaubens willen hieher eingewandert waren, von dem Wunsche beseelt, in einem näheren kirchlichen Verhältniß zu einander zu bleiben. Zweitens wünschten alle die Gemeindeglieder, welche die außerordentlichen Gaben Dr. Walthers im Predigen und in der Seelsorge aus Erfahrung ihres Herzens kannten, noch länger wenigstens einigen Antheil daran zu ihrer eigenen und ihrer Gemeinde Erbauung zu behalten.

Endlich war Walther selbst mit solchen innigen Banden der Liebe an die Gemeinden geknüpft, daß es ihm selbst ein wahres Herzensbedürfniß war, in einem innigeren Verhältniß zu ihnen zu bleiben, als es sonst seine theologische Professur gestattet hätte. Alle diese Wünsche fanden nun in der Errichtung der Generalgemeinde ihre allseitig befriedigende Erfüllung. Und niemand, der sie aus eigener Erfahrung kennen gelernt hat, wird in Abrede stellen, daß sie von großem Segen nicht bloß für die Gemeinden selbst, sondern selbst über ihre Grenzen hinaus in der Synode und der ganzen lutherischen Kirche gewesen ist. Denn, nur Eines hiefür anzuführen, so sind aus den Berathungen dieser Generalgemeinde über wichtige kirchliche Lehren und Zeitfragen unter Dr. Walthers Leitung Bücher von bleibendem Werthe hervorgegangen. Wir nennen die wichtigsten derselbe, welche alle im Concordia Verlag erschienen sind: Thesen über den Wucher und Protokoll darüber. Die rechte Gestalt einer vom Staat unabhängigen Gemeinde. Tanz und Theaterbesuch. Ueber Communismus und Socialismus. Von der Pflicht der Christen, sich an eine rechtgläubige Gemeinde anzuschließen. Das vorhin erwähnte Buch: Ansprachen und Gebete. Eine große Anzahl als Pamphlet gedruckter Predigten Walthers, auf Kosten dieser Generalgemeinde gedruckt. Aus seinem schriftlichen Nachlasse werden mit der Zeit noch eine Reihe solcher in's Leben der Kirche eingreifender Abhandlungen folgen, z. B. eine über gegenseitige Unterstützungsgesellschaften. — Welchen Segen die Gemeinden aber für sich selbst durch Walthers amtliche Theilnahme an ihren Versammlungen genossen, das werden sich diejenigen leicht vorstellen können, welche seine wunderbare

Rednergabe kennen, mit der er die schwierigsten Fragen rasch und dem Einfältigsten verständlich beantworten, Wahrheit und Irrthum so klar und überweisend darlegen, ermahnen, warnen, strafen, trösten oder zu Werken der Liebe Begeisterung erwecken konnte, wie kein Anderer. War es doch neben seiner großen Gelehrsamkeit gerade auch diese Gabe, durch welche er als theologischer Professor und Allgemeiner Präses der Synode so Außerordentliches und Bleibendes gewirkt hat. Wahrlich, besonders hoch gesegnet von Gott mußte sich eine Gemeinde schätzen, welche solch ein auserwähltes Rüstzeug in ihrer Mitte und in ihrem Dienste hatte!

Auf der andern Seite läßt sich nicht leugnen, daß diese kirchliche Organisation der „Generalgemeinde" auch ihre Schattenseiten, ja, ihre großen Gefahren hatte. Obwohl dieselben zu Lebzeiten Walthers gegen ihren großen Segen weit im Hintergrund standen, so konnte man sie doch nicht in Abrede stellen, und selbst Walther äußerte zum öftern, daß sie mit seinem Tode wohl zu Ende gehen müßte. Etwas von dem Bedenklichen und Gefährlichen erfuhr man auch bald nach seinem seligen Abschiede. Aber die Gemeinde nahm in der von ihr immer geübten christlichen Weise nach Gottes Wort die Besprechung darüber in ihren Generalversammlungen vor und kam, nachdem sie über ein Jahr darüber gehandelt, zu dem einstimmigen Beschluß, dieselbe aufzuheben. Die Districte sollten fortan ganz selbständige Gemeinden sein; nur an hohen Festtagen sollten die Pastoren noch in den verschiedenen Kirchen abwechselnd predigen und bei ganz besonders wichtigen Veranlassungen sollten gemeinschaftliche Versammlungen dieser vier Gemeinden einberufen werden können.

Dieser Beschluß wurde Januar 1889 bestätigt und damit in Kraft gesetzt. Der letzte Beschluß dieser letzten Versammlung der Generalgemeinde war die gemeinschaftliche Errichtung eines Grabdenkmals ihres unvergeßlichen Walthers, welcher hoffentlich noch im Laufe dieses Jahres zur Ausführung kommt.

Führen wir nun die Geschichte der äußeren Entwickelung unserer Dreieinigkeitskirche vollends zu Ende, wobei der Bau ihrer neuen Kirche an gegenwärtigem Platze einen besonderen Glanzpunkt göttlicher Gnadenheimsuchung bildet. — Schon Mitte der fünfziger Jahre stellte sich heraus, daß weder die Lage noch die Größe der alten Kirche den steigenden Anforderungen der Gemeinde mehr genüge. Viele Vorschläge wurden gemacht und lange Berathungen gehalten, wie am billigsten zu helfen wäre. Schon der Bauplatz an Barry Straße war mit in der Absicht gekauft, daselbst einmal eine neue Kirche zu errichten. Aber es kam zu keiner Entscheidung, denn Gottes Stunde war noch nicht gekommen. Als diese kam, da kam auch die Erfüllung des Wunsches nach einer neuen Kirche von Gott selbst und gerieth daher auch über Bitten und Verstehen herrlich. Was niemand zu wünschen, ja, zu hoffen wagte, das gab dann der HErr. Eine Anzahl reicherer Gemeindeglieder besprach privatim unter sich den nothwendigen Bau einer neuen Kirche, vereinigte sich über den passendsten Bauplatz, kaufte denselben sogleich für $11,725.00 und theilte der Gemeinde in ihrer Versammlung am 8. Februar 1864 mit, sie seien bereit, den gekauften Bauplatz der Gemeinde zu schenken und zum Bau der neuen Kirche noch kräftig beizutragen, wenn solches die Genehmigung der Gemeinde fände. Bereits hätten sie außer dem schon bezahlten Platz ferner $17,000.00 dazu unter sich unterschrieben. Diese empfing das reiche Geschenk ihrer Glieder mit dankbarer Freude, beschloß sofort den Bau und ernannte eine Committee zur Ausführung desselben mit weitgehenden Befugnissen. Dieselbe bestand aus fünfzehn Gliedern, von denen wir einige der bekanntesten nennen wollen: Heinr. F. Müller, E. Leonhardt, Fürchtegott Schuricht, Heinrich Kalbfleisch, Heinrich Hartmann, M. Estel, Christian Lange, Christian Freund, D. Römer, C. Ude, B. Hänichen und Andere. Schon im März darauf konnte die Committee den Bauplan vorlegen, der auch von der Gemeinde angenommen wurde. Die Kirche sollte eine Kreuzkirche im gothischen Stil sein, mit hohem Thurme. Der Kostenanschlag war zunächst $40,000.00. Als sie vollendet war, hatte sie $113,000.00 gekostet, die aber auch bezahlt waren, so daß am Tage ihrer Einweihung kein Dollar Schulden darauf haftete. Der HErr hatte einen Freudengeist zu dem Werke über die Gemeinde ausgegossen, wie einst über das Volk Israel bei der Beisteuer zum Bau der Stiftshütte (2 Mos. 35. und 36.). Da war kein Murren über die immer neuen Geldsammlungen. Jung und Alt, Reich und Arm, Männer und Frauen, Jünglinge und Jungfrauen, ja, Schulkinder wetteiferten mit ihren Beiträgen zum Schmuck der Kirche. Am 9. Sonntag nach Trinitatis, den 24. Juli, war die Grundsteinlegung. Dr. Walther hielt die Rede über Eph. 2, 20.: „Von dem guten Grunde einer wahren evangelisch-lutherischen Kirche", gedruckt in seinen „Brosamen" S. 312. Leider ist in dem Protokoll nicht angegeben, welche Schriften in den Grundstein gelegt sind. Fröhlich und ohne

Unfall schritt der Bau voran und konnte am Adventsfest 1865 mit Freuden eingeweiht werden. Von welchem Geist der Gnaden die Gemeinde zu diesem Werke vom Anfang bis zum Ende erfüllt war, das möge uns ein Anderer berichten, damit man uns nicht etwa prahlerischen Eigenlobs beschuldige. Zur Ehre Gottes allein sei hier aus dem „Lutheraner" 22, S. 61 ff., mitgetheilt, was Professor A. Crämer über diese freudenreiche Einweihung den Lesern desselben mittheilt:

„Die neue lutherische Dreieinigkeitskirche, die wir am 3. und 4. December d. J. dem Dienste des dreieinigen Gottes weihen durften, steht von Osten nach Westen und mißt 134 Fuß in die Länge; die Breite beträgt im Schiff der Kirche 60, in den Flügeln 90 und in der höchsten Höhe 42 Fuß. Das Spitzbogengewölbe wird von acht großen Säulen getragen. Der Haupteingang befindet sich unter dem 202 Fuß hohen Thurm. Von dem Voreingang führen zwei Treppen auf den Chor, auf welchem sich eine Orgel von zwei Manualen und Pedalen und 34 Registern befindet. Sie ist ein Werk des hiesigen Orgelbauers Herrn J. G. Pfeffer, kostet $5400.00 und macht ihrem Meister Ehre. Der Orgel gegenüber, an der Hinterwand der Kirche, erhebt sich auf drei Stufen der herrliche Altar, der sich gleich der Kanzel und dem Taufstein durch zierliches Schnitzwerk auszeichnet. Er ist im gothischen Stil ausgeführt, 35 Fuß hoch und nimmt die ganze hintere Nische ein. (Altar und Kanzel das Geschenk der Frauen.) Zu seiner Rechten befindet sich die Sacristei, zur Linken die Küsterwohnung. In den Altarnischen sind auf der einen Seite die Figuren von Moses und Aaron als Repräsentanten des alten Testamentes, auf der andern die von Petrus und Paulus als Repräsentan=

ten des neuen Testamentes angebracht. Das Altarbild stellt Christi Auferstehung nach Albrecht Dürer dar und ist von dem hiesigen Maler Herrn Schulz mit großer Sorgfalt ausgeführt. Der Taufstein (das Geschenk der Schulkinder) ist in seinen Feldern mit den ausgeschnitzten Bildern Christi, der die Kinder segnet, Johannis des Täufers, der Arche Noah und des Hirsches am Wasser sinnreich ausgeziert. Die Kanzel ist mit den Figuren der vier Evangelisten geschmückt; auf dem mittelsten Feld erblickt man den Engel mit dem ewigen Evangelium. Die Fenster sind mit Glasmalereien geziert, deren Farben ausnehmend rein und schön und deren Ausführung vortrefflich und sinnreich ist. Zur Erleuchtung der Kirche bei Abendgottesdiensten dient ein großer Kronleuchter von sechszehn und drei kleinere von je acht Flammen. Außerdem sind noch zahlreiche Gasflammen an den marmorglatten Wänden angebracht. (Alles das Geschenk der Jungfrauen.) Im Thurm befindet sich eine Uhr; die Glocken aber sind leider nicht fertig geworden, doch ist bereits mit dem Guß begonnen. Es sollen vier Glocken in den Thurm kommen, die zusammen 11,000 Pfund wiegen und in C dur abgestimmt sein werden. (Sie sind ein Geschenk des Jünglingsvereins.) Zu ebener Erde enthält die prachtvolle Kirche 900 Sitze, auf den beiden Emporen in den Flügeln je 150 und auf dem Chor ungefähr 80, im Ganzen an 1300 Sitze. So steht die Kirche da, herrlich anzuschauen von außen, herrlicher noch und wahrhaft schön und erhebend von innen. Sie hat aber freilich auch ein schönes Geld gekostet, nämlich $113,000.00. Da wird nun Mancher fragen: Brauchten denn die Leute, die doch nur einen von den vier Districten der St. Louiser Gemeinde bilden, eine so große Kirche? Eine Kirche brauchten sie allerdings. In der alten „Sachsenkirche", die nun seit gerade dreiundzwanzig Jahren steht, mußten sie sich zuletzt, namentlich an den Feiertagen, gar eng behelfen. Dazu war die Lage dieser Kirche eine in mehrfacher Beziehung ungeeignete. Sie war zu sehr außer dem Mittelpunkt des Districts, der, wie die große Menge der übrigen deutschen Bevölkerung von St. Louis, vornehmlich die untere Stadt, südlich von der alten Kirche, einnimmt. Dazu stak sie in einem Winkel mitten unter geräuschvollen Fabrikgebäuden. An die Erfüllung eines Missionszweckes unter den vielen kirchlosen Deutschen dahier war somit nicht zu denken. Also eine neue, geräumigere, besser gelegene Kirche war allerdings ein dringendes Bedürfniß. So groß, als sie nun geworden ist, brauchte sie zunächst freilich nicht zu sein. Aber sieh, lieber Leser, die Brüder hier haben so lange schon das reine Wort Gottes in reicher Fülle und kennen seinen unschätzbaren Werth und lieben es von ganzem Herzen. Dabei sehen sie hier in dem halben Sodom täglich Tausende von Landsleuten neben sich, die auf dem breiten Weg dahintaumeln, der zur Verdammniß führt. Das brach ihnen das Herz, daß sie, von der Liebe Christi, von der Liebe zu jenen armen Seelen gedrungen, eine große, schöne Kirche bauen wollten, um, so Gott Gnade gäbe, dadurch Viele heranzulocken und unter den süßen Schall des Evangeliums zu bringen, daß sie vom Verderben errettet würden. Aber, denkt vielleicht ein Anderer, wozu die große Pracht und Kostbarkeit? Sind denn die Leute so gar reich, daß sie so viel Geld auf eine schöne Kirche verwenden konnten? Das müssen ja am Ende lauter Millionäre sein. Nun, das sind sie fürwahr nicht. Wie aber trotzdem die neue Kirche eine so in der That prächtige geworden ist, das ist ein Wunder vor unseren eigenen Augen, und wie es geschah, will ich euch jetzt, ihr lieben lutherischen Brüder in der Ferne, zu eures Herzens Freude erzählen. Seht, das wißt ihr ja alle, St. Louis war in den kurzvergangenen Kriegsläuften ein gefährlicher Ort, da oft das Schwert über unseren Häuptern schwebte. Noch hat der HErr seine Flügel über uns gebreitet und die drohende Gefahr immer wieder gnädiglich abgewendet. Das hat denn die Herzen eurer hiesigen Glaubensbrüder gar mächtig mit Dank gegen Gott erfüllt und oft, wenn sie in kleineren oder größeren Kreisen bei einander waren, sprachen sie davon, wie sie doch dem HErrn ein wohlgefällig Dankopfer dafür darbringen könnten, und immer klarer wurde es ihnen, daß es, zugleich zum Zeichen der Werthhaltung des reinen Worts und Sacraments und zu einer Lockspeise für die Vielen, die noch draußen sind, der Bau einer schönen, prächtigen Kirche sein solle. So ging denn ein Kreis von Gliedern, die Gott nicht nur im Zeitlichen reichlich gesegnet hat, sondern vor Allem mit Liebe zur Sache angethan hatte, in aller Stille daran und kaufte zunächst den herrlichen, schön und zweckmäßig gelegenen Bauplatz für die Summe von $11,750.00. Dann ging er in Gottes Namen an das Unterschreiben zum neuen Kirchbau. Und als denn gleich anfangs auf diese Weise eine stattliche Summe zusammengekommen war, so trat er mit seinem Plan vor die Gemeinde. Und siehe da, das Feuer, das in den Herzen der Einen schon loderte, zündete auch in denen der Anderen und einstimmig wurde nicht nur der Bau nach dem vorgelegten, von Architect Griese aus Cleveland entworfenen Plan beschlossen, sondern auch jener Kreis der zuerst Willigen zur Bau-Committee erwählt und die ganze Ausführung in ihre Hände gelegt. Die ging nun rüstig und rührig an's Werk, besorgte mit unermüdlichem Eifer das Collectiren bei den Gliedern der Gemeinde, erkor sich in Griese den rechten Mann zum Baumeister und hub denn im Frühling des vergangenen Jahres getrost zu bauen an. Und ob sich nun auch, wie bei allen Gotteswerken, Hindernisse genug in den Weg stellten, ob bei den enormen Preisen des Baumaterials und der Arbeitslöhne die Kosten immer höher stiegen: nie erkaltete der Eifer, und mit dem wachsenden Werk wuchs die Opferwilligkeit so, daß Manche den vierten, Andere den fünften oder sechsten Theil ihres Vermögens daran gaben. So ging's denn in rastloser Thätigkeit und nie gestörter Eintracht immer weiter, und Gott gab das Gedeihen zu dem gottseligen Werk und krönte es endlich, ohne daß auch nur ein Unfall je die Freude getrübt hätte, mit so herrlichem Erfolg, daß jetzt das Gebäude vollendet dasteht in majestätischer Pracht und Schönheit und daß die hohen Kosten des Baues bereits allein aus den Mitteln der Gemeinde gedeckt sind. Fürwahr, ein herrliches Werk des Glaubens und der Liebe, ein köstlicher Altar des Dankes, ein Ehrendenkmal der Werthschätzung des reinen Worts und Sacraments, ein lautrufender Zeuge wider die Lästermäuler, die uns Lutheraner todte Orthodoxisten schelten! Gott und Menschen haben ihr Wohlgefallen an dem prächtigen Gebäu. Daß auch Gott ein herzliches Wohlgefallen daran habe, nun, das hat er uns an den beiden Kirchweihtagen merklich spüren lassen, indem er das schöne Fest mit überaus reichem Segen überschüttet hat. Fünfmal wurde an diesen zwei Tagen das süße Wort Gottes in Beweisung des Geistes und der Kraft in der neuen Kirche gepredigt, viermal in deutscher und einmal in englischer Sprache. Und ob auch das Wetter nach Menschengedanken nicht günstig war, da es die meiste Zeit regnete, so klang es doch gleich als eine Weissagung, daß der Pastor des Districts am Festmorgen in einem trauten Kreis tröstend sprach: ‚Regen bedeutet Segen.‘ Und die dadurch genährte Hoffnung wurde nicht zu Schanden. Groß, überaus groß war der Segen, und groß, sehr groß auch die Zahl der Festgäste. Nicht bloß in den übrigen Districten der Stadtgemeinde, sondern auch in den zunächstgelegenen Gemeinden waren die Gottesdienste eingestellt, weil Alles zur Kirchweih strömte. Von St. Charles kam die Mehrzahl der Gemeindeglieder in sechs gemietheten Cars auf der Eisenbahn herangebraust, und so in größerer oder geringerer Menge, selbst von Perry County, dem Sitz der alten sächsischen Ansiedlungen, kamen von allen Seiten Gäste herbei. Als um neun Uhr Morgens am ersten Festtag der Hauptgottesdienst begann, da war die ganze große Kirche bis an die Stufen des Altars und selbst in den Gängen mit einer dichtgedrängten Menschenmenge angefüllt, und Viele konnten keinen Platz mehr finden und mußten wieder umkehren, da sie des heftigen Regens halber nicht außen vor der Kirche stehen konnten. Und als nun die feierlichen Töne der gewaltigen, von Herrn Diez aus Milwaukee meisterhaft gespielten Orgel erklangen, als aus Tausenden von Kehlen das ‚Komm, Heiliger Geist, HErre Gott‘ erscholl, da wurden auch starke Männerherzen bis zu Thränen freudiger Rührung bewegt. Und dann der herrliche lutherische Altargottesdienst und all die schönen, kräftigen Choräle und die wundervolle Mozartische Motette, unter Instrumentalbegleitung von dem Singkränzchen des Herrn Prof. Walther meisterlich vorgetragen, und vor Allem seine gewaltige Predigt über Psalm 87., da er denn in Beweisung des Geistes und der Kraft das Thema handelte: **Der herrliche Wunderbau der Kirche Gottes auf Erden**, und dabei zeigte: 1) daß sie so schwach scheint und doch so unerschütterlich fest steht; 2) daß sie so arm zu sein scheint und doch so unermeßliche Schätze besitzt; 3) daß sie so klein zu sein scheint und doch eine so große unzählbare Schaar umfaßt. Dann die treffliche Beichtrede von dem Herrn Pastor Th. Brohm und die Herz und Sinn erhebende Abendmahlsfeier, die den Hauptgottesdienst schloß. Fürwahr, aus den Tausenden von leuchtenden Blicken glänzte beim Herausgehen das lautredende Zeugniß, daß sie am Geiste neu gestärkt und seliglich erquickt das schöne, neue, nun so herrlich eingeweihte Gotteshaus verließen. Und nun ging's zum fröhlichen Festmahl an die hin und her in den Häusern der Gemeindeglieder reich besetzten Tafeln, und selbst für die, die keine Bekannten hier hatten, war gesorgt, indem an einer offenen Tafel in der Schule an der Barry Straße Hunderte gespeist wurden. Unter heiterem Gespräch war nur zu rasch die Stunde des Nachmittaggottesdienstes herbeigekommen, und raschen Schrittes ging es wieder der Kirche zu, die sich nicht minder zahlreich mit aufmerksamen Zuhörern füllte, ja überfüllte. Und nun abermals die feierlichen Töne der Orgel und die kräftigen Choräle und der Chorgesang der Männerstimmen und vor Allem die gewaltige Predigt des Herrn Professor Brauer über Psalm 84, 2. 3., die „**Die heilige Lust wahrer**

Christen an ihrem neuerbauten Gotteshause' zum Thema hatte. Ach, das Herz mußte ja von all den herrlichen Dingen, die da geprebigt, gesungen und geklungen wurden, voll werden, und in den trauten Zwiegesprächen bis zur Zeit des Abendgottesdienstes mußte der Mund überfließen von Lob und Dank gegen den treuen Gott, der so Großes an uns gethan. Am Abend war auf Verlangen vieler englisch redender Bewohner von St. Louis ein Gottesdienst in englischer Sprache, zu welchem die Gemeinde in dankbarer Erinnerung an die freundliche Bereitwilligkeit, mit welcher sie, als sie vor siebenundzwanzig Jahren hier einwanderte und noch keine eigene Kirche hatte, von einer hiesigen Episcopalgemeinde die Erlaubniß erhielt, ihr Gotteshaus benützen zu dürfen, diese englische Gemeinde einlud, die denn auch der Einladung folgte, ihren eigenen Abendgottesdienst einstellte und troß des Regenwetters sich zahlreich in unserer neuen Kirche einfand. Bei diesem Gottesdienst predigte Professor Schmidt über Röm. 1, 16., und verkündigte den Preis des gnadenreichen Evangelii in sieghafter Weise. Am zweiten Tage Vormittags predigte Herr Präses Pastor Bünger über Psalm 119, 72., wobei er denn das Thema handelte: ‚Warum lieben Christen Gottes Wort mehr als viel tausend Stücke Goldes und Silbers? 1) Weil mit Geld zwar viel, aber nicht die wahren Güter zu erlangen sind; 2) weil die Liebe zum Geld nur schädlich, die Liebe zum Worte Gottes aber immer heilsam ist; 3) weil Geld und Gut im Tode verläßt, die durch's Wort erlangten Güter aber uns auch im Tode folgen.' Den würdigen Schluß des überaus gesegneten Festes machte ein Gottesdienst am Abend des zweiten Tages, wobei der Pfarrer des Districts, Herr Pastor Schaller, über Matth. 21, 6—9. predigte und das Thema handelte: ‚Die Freude einer christlichen Gemeinde über den Einzug Christi in ihr neues Gotteshaus.' Wie kräftig sich in allen diesen Predigten das Wort an den Herzen der Hörer erwies und wie groß die Festfreude Aller gewesen sein müsse, das könnt ihr auch mit daran merken, daß sich die eingegangenen Collecten an diesen Gottesdiensten auf $1000.00 beliefen. Nun fürwahr, das müßt ihr alle mit uns bekennen: Der HErr hat Großes an uns gethan. Ja, der HErr hat Großes an uns gethan, deß sind wir fröhlich, und ihr seid es gewiß mit uns, denn ‚so Ein Glied wird herrlich gehalten, so freuen sich alle Glieder mit.' Dem Teufel aber, unserm Erzfeind, hat das freilich das gebrannte Leid angethan, und darum hat er uns denn auch in großem Verdruß am vorigen Samstag unsere liebe Immanuelskirche, vordem die größte unserer Kirchen, die vor siebzehn Jahren gebaut wurde, niedergebrannt. Das Feuer kam auf eine fast unerklärliche Weise aus und griff so schnell um sich, daß die Kinder noch unten und neben in der Schule saßen, während schon der Dachstuhl zu brennen anfing. Der Teufel meinte es böse mit uns zu machen, Gott aber meint es gut. Hat er uns doch damit ernstlich erinnert, daß wir hier noch im Jammerthal sind und uns freuen sollen mit Fürchten. Und er wird uns auch gnädig helfen, die niedergebrannte Kirche schöner und geräumiger wieder aufzubauen, damit sie ihren vielversprechenden Missionsdienst noch kräftiger erfüllen könne und dem Reich des Teufels auch in dem obern Theil der Stadt nur desto mehr Abbruch geschehe. Das walte Gott."

Fragt nun der liebe Leser außerhalb der Gemeinde, ob sich denn die Kirche nicht doch als zu großartig angelegt erwiesen habe? so diene ihm zur Antwort ein freudiges Nein. An schönen Sonntagen mangelt es jetzt schon öfters an Platz für die Frauen. An hohen Festtagen und bei besondern Gelegenheiten müssen alle Gänge mit Stühlen besetzt werden. Der HErr hat sein Wort bis heute wahr gemacht: „Ich will dich segnen und du sollst ein Segen sein." Doch wir führen nun unsere Geschichte mit Angabe einiger wichtiger Gegenstände vollends kurz zu Ende. — Schon im Jahre 1856 forderte das rasche Wachsthum der Stadt die Anlage eines neuen Gottesackers. Die Gemeinde kaufte an Bates und Gravois Straße ein passend gelegenes Grundstück, legte fünf Acker davon für Begräbnisse aus und weihte ihn am 16. Sonntag nach Trinitatis durch eine Predigt Dr. Walthers über das Evangelium des Jünglings von Nain feierlich ein. Später kauften die Immanuels- und Zionsgemeinde im nördlichen Stadttheil einen eigenen Gottesacker und der alte blieb Eigenthum der Dreieinigkeits- und der Kreuzgemeinde. Dieselben vergrößerten ihn im Jahre 1884 durch Ankauf von weiteren achzehn Acker für $9900.00 und legten denselben in passender Weise aus mit einem Kostenaufwand von $3000.00. Auf dem höchsten Punkte desselben, nahe der Mitte, ist das Grab des theuren Dr. Walther und seiner Gattin. Nahe dabei das des unvergeßlichen Schaller.

Ein anderer wichtiger Beschluß der Gemeinde im Jahre 1863 war der, das Gesangbuch der Gemeinde, welches bereits in allen Synodalgemeinden eingeführt war, der Synode als Geschenk zu übergeben, was dieselbe mit einem herzlichen Dankschreiben entgegennahm. Während die Gemeinde damit selbstverleugnend eine Einnahmequelle für sich aufgab, erhielt die Synode dieselbe und erfreut sich damit einer jährlich wachsenden großen Einnahme. Auch die Gründung einer eigenen Synodaldruckerei ging von den hiesigen Gemeinden aus und wurde durch eine Actiengesellschaft in's Leben gerufen. Nachdem dieselbe schuldenfrei war, wurde auch sie der Synode übergeben und ist heute unter dem Namen „Concordia Verlag", man darf sagen, weltbekannt.

Wie hat also Gott das Senfkörnlein, das er mit den lutherischen Einwanderern im Jahre 1839 in den Acker dieser Stadt gesäet hatte, zu einem so wunderbaren Baume werden lassen, der Tausenden und aber Tausenden unsterblicher Seelen in der Hitze dieses sünden- und kampfesvollen Lebens erquickenden Schatten zu süßer Ruhe des Herzens und seliger Hoffnung des Himmels gewährt! Elf lutherische Gemeinden sind daraus allein im Weichbild dieser Stadt entstanden. Neben einem theologischen Seminar mit fünf Professoren und 115 Studenten und einer Hochschule von 56 Schülern und zwei Professoren zählt die lutherische Kirche hier elf Pastoren mit 1550 stimmfähigen Gemeindegliedern, 5620 Communicanten, 12 Schulen, 26 Lehrern und 2312 Schülern. — Um einen Einblick speciell in die Dreieinigkeitsgemeinde zu geben, führen wir den Parochialbericht des Jahres 1888 an: Seelenzahl 2000, communionsfähig 1050, stimmfähig 290, Lehrer 6 in zwei Schulen mit 560 Kindern, Getaufte 145, Confirmirte 77, Communicirte 3184, Getraute 48, Beerdigte 40. — Endlich, um ein Urtheil über den Haushalt der Gemeinde zu ermöglichen, geben wir die summarische Rechnung der letzten zwei Jahre. Wir schicken aber zur Vergleichung voraus die Rechnung vom Jahre 1847.

1. Communkasse: Einnahme $1566.98½. Ausgabe $1541.24, in Kasse $25.74½.
2. Kirchenkasse: Einnahme $813.36. Ausgabe $904.24. Schuld $90.88.
3. Armenkasse: Einnahme $230.07. Ausgabe $66.50, in Kasse $163.57.
4. Collegekasse: Einnahme $281.27. Ausgabe $281.27.

1887.

1. Communkasse: Einnahmen: Bestand ....$ 230.50
   Monatliche Beiträge...... 3517.15
   Schulgeld................. 2111.50
   ————— $5859.15
   Ausgaben: Pastor= u. Lehrergehalte $5415.50
   Verschiedenes............... 287.70
   ————— 5703.20

   Bestand............ $ 155.95
2. Kirchenkasse: Bestand................................. 385.09
   Einnahme durch Kirchencollecten.........$1680.06
   ————— $2065.15
   Ausgaben................................. 1924.85

   Bestand ....$ 140.30
3. Armenkasse: Einnahmen............... ....$ 444.08
   Ausgaben...... .... 471.45

   Schuld.................$ 27.87
4. Synodalkasse: Für die Synode....................$ 73.50
   Für Lehrerseminar.................. 240.00
   Gymnasium in Milwaukee................ 300.00
   Für Mission................................ 228.25
   ————— $ 841.75
5. Collegekasse .... $ 93.00
6. Freiwillige Liebesgaben, durch Pastors Hand gegangen, für verschiedene Zwecke................ .... $ 639.00

1888.

1. Communkasse: Einnahmen: Bestand..................$ 155.95
   Monatliche Beiträge...... 3594.40
   Schulgeld................... 2431.05
   ——————— $6181.40
   Ausgaben: Gehalte............... $5431.50
   Verschiedenes............ 308.15
   ——————— $5739.65
   In Kasse................... $ 441.75
2. Kirchenkasse: Einnahme: Bestand................$ 140.80
   Kirchencollecten.......... 1673.35
   Verschiedenes............ 47.80
   ——————— $1861.45
   Ausgaben...................... $1637.60
   Bestand.................$ 223.85
3. Armenkasse: Einnahme $700.69. Ausgaben $698.69. Bestand $ 2.00
4. Collegekasse: Einnahme $136.83. Ausgaben $155.61. Schuld $ 18.78
5. Synodalkasse: Für Synode..................... $225.50
   Für Mission........................ 359.95
   Proseminar........................ 62.00
   ——————— $ 647.45
6. Freiwillige Liebesgaben, durch Pastors Hand gegangen, für arme Studenten, Gemeinden, Waisen, Hospital u. s. w., darunter ein Legat von $300. — Summa.............. $1045.00
7. Subscription für Walther College....................... $6000.00

III.
Der innere Entwicklungsgang der Gemeinde.

Das unerläßlichste Erforderniß und der vornehmste Schmuck einer wahrhaft christlichen Gemeinde ist nicht äußere Machtentfaltung, nicht Zahl, Würde und Reichthum ihrer Glieder, auch nicht die Menge und Größe ihrer Liebeswerke, noch selbst der äußerliche fromme Wandel. Es ist vielmehr vor Allem das Bekenntniß und treue Festhalten des reinen Wortes und der unverfälschten Sacramente, mit unversöhnlicher Abweisung jeglichen, auch des geringsten Irrthums und Aergernisses. Der Apostel Paulus bezeugt dies 1 Cor. 1, 4—6. in folgenden Worten: „Ich danke meinem Gott allezeit euret halben für die Gnade Gottes, die euch gegeben ist in Christo JEsu, daß ihr seid durch ihn an allen Stücken reich gemacht, *an aller Lehre und in aller Erkenntniß. Wie denn die Predigt von Christo in euch kräftig geworden ist.*" Also Erkenntniß der heilsamen Lehre göttlichen Wortes, aber nicht eine todte Verstandeserkenntniß, sondern die kräftig und fruchtbar ist in gottseligem Wandel und Werken der Liebe — das ist es eigentlich, was eine wahrhaft christliche, eine rechtschaffen lutherische Gemeinde vor Allem haben und wonach sie ohne Unterlaß streben muß. Daß dies aber nicht Menschen-Thun und -Ruhm, sondern allein Gottes Gnade wirkt und gibt, bezeugt derselbe Apostel in diesen Worten und bricht darum in Lobpreisung Gottes darüber aus, weil er der corinthischen Gemeinde diesen köstlichen Schmuck so reichlich gegeben hat. Und nur zum Lobe der reichen göttlichen Gnade, die er in Christo, seinem Sohne, auch dieser Gemeinde gegeben hat, sei hier etwas davon geredet, wie dieselbe sich auch innerlich entwickelt und an Erkenntniß der Lehre reich und in guten Werken fruchtbar geworden ist. Nur **Gottes** Gnadenwerk ist es, das wir damit preisen wollen. Mangel an Erkenntniß der reinen Lehre und mancherlei grobe Irrthümer hatten die Gründer dieser Gemeinde in dieses Land geführt. Als ihnen Gott hier bald die

Augen über ihre traurigen Irrwege geöffnet hatte, da entstand in ihnen ein heißes Verlangen nach rechter Erkenntniß göttlichen Wortes und göttlicher Wege. Ihr Herz hatte plötzlich seinen Halt in Gottes Wort, seine theuerste Hoffnung auf die Seligkeit verloren und das suchten sie nun wieder mit dem heiligem Ernste göttlich erweckter Seelen, aber auf richtigerem Wege, als zuvor. Wie eifrig lasen sie in der Bibel, wie forschten sie in den Symbolischen Büchern ihrer Kirche, in den Schriften der Väter, vor allem Luthers! Wie war der Inhalt aller ihrer Gespräche unter einander dies Eine, was ihnen so noth that, wonach ihr Herz so voll Verlangen war: Gewißheit ihres Glaubens, der Gnade Gottes und ihrer Seligkeit! Dazu gab ihnen nun Gott auch in Walther einen Mann, der dieselbe traurige Noth der Seele erfahren und daher mit ihnen Tag und Nacht seufzte, kämpfte, forschte und studirte und zu immer klarerer Erkenntniß kam. Lesen wir die acht umfangreichen und sorgfältig geführten Protokollbücher über die vielen Gemeindeversammlungen nach, so finden wir Beides: die fleißigste Besprechung der Glaubenslehren und deren Anwendung im Leben des einzelnen Christen wie der ganzen Gemeinde. Es ist kaum eine Lehre, die nicht ausführlich besprochen, worüber nicht oft Monate lang vom Pastor referirt worden wäre. Keine Irrlehre oder wichtige Zeitfrage beunruhigte die Kirche, die die Gemeinde nicht in ernste Erwägung gezogen und die Wahrheit göttlichen Wortes darüber nicht gewissenhaft erforscht hätte. Sie erkannte es auf's lebendigste, daß in diesem Lande der Freiheit, wo hundert verschiedene Secten an allen Ecken und Enden unabläßig rufen: „Hie ist Christus, da ist Christus", der Christ nur dann unverführt bleiben könne, wenn er in der reinen Lehre fest und immer besser gegründet ist. Daher kamen auch ihre Sorge und großen Opfer für christliche Schulen, in welchen den Kindern von Jugend auf die Milch der reinen Lehre eingeflößt wurde. So wuchs denn unter Gottes Gnade hier wirklich eine erkenntnißreiche Gemeinde heran, bei der das geistliche Priesterthum nicht in Worten, sondern in der That und Wahrheit bestand, ja, die reich war an aller Lehre und Erkenntniß.

Und diese Erkenntniß war nicht todte Orthodoxie, sondern sie war kräftig und fruchtbar. Zuerst in der Gemeinde selbst. Als eine rechte Gemeinde Gottes, als ein Licht in dem HErrn wollte sie nun auch zur Ehre ihres Heilandes dastehen. Aus diesem Geiste ward daher eine Gemeindeordnung entworfen, wurden ihre Gottesdienste eingerichtet, brüderliche Bestrafung und Kirchenzucht geübt, die Grenzlinie zwischen Welt und Kirche scharf gezogen und festgehalten, die Armen und Kranken treulich gepflegt, kurz, ein rechtschaffenes Gemeindewesen aufgebaut. Fruchtbar erwies sich ihre Erkenntniß auch nach außen. Sie hatte die köstliche Perle der Wahrheit gefunden und, selig in ihrem Besitze, drang sie die Liebe Christi, sie nun auch Andern zu bringen und der Kirche zu erhalten. Aus diesem Geiste trieb sie Mission, sonderlich auch durch den Bau ihrer Kirchen und trefflichen Schulen; war sie mit der Gemeinde in Perry County die Gründerin des Concordia Seminars und Gymnasiums, an welchem sie Jahre lang Rector Gönner allein besoldete, und die eifrige Beförderin der Synode und deren anderen Lehranstalten mit ihren Bedürfnissen. Sie gründete mit den anderen lutherischen

Gemeinden hier eine Bibelgesellschaft, einen Tractatverein, selbst einmal eine politische Zeitung nach christlichen Grundsätzen, da die meisten deutschen Zeitungen den christlichen Glauben frech verhöhnten. Sie errichtete ein Hospital und ein Waisenhaus, und ließ ihre Liebe, wie viele arme Gemeinden, arme Glaubensbrüder und arme Studenten erfahren. In ihrer Mitte entstanden Vereine der Frauen, Jungfrauen und Jünglinge, welch letzterer ohne Unterbrechung seit vierzig Jahren besteht und sich's zur besonderen Aufgabe gestellt hat, arme Knaben für's Predigtamt auszubilden. Schreiber dieses und sein schon verstorbener Bruder verdanken es mit vielen anderen Pastoren der Synode, die heute im Segen das Amt des Wortes verwalten, diesem Jünglingsverein, daß sie das theologische Studium im Concordia Seminar ergreifen konnten. —

Wir erinnern hiebei nochmals an die Bücher, welche auf Kosten unserer Gemeinden gedruckt wurden oder deren Druck durch sie veranlaßt wurde, wozu auch die kostbare Evangelienpostille Dr. Walthers gehört.

Auch selbst die von den lutherischen Gemeinden hier großartig gefeierten Jubiläen, der Augsburgische Friedensschluß 1855, das 350jährige Reformations- und 300jährige Jubelfest der Augsburgischen Confession und Concordia 1867 und 1880 sind lautredende Zeugnisse, wie die Predigt von Christo hier kräftig gewesen ist. —

Wie, sind das nicht Thatsachen, worüber wir mit dem Apostel Paulus Gottes Gnade über uns hoch preisen sollen? — Ohne Zweifel! Und von Herzensgrund sprechen wir: „Nicht uns, HErr, nicht uns, Deinem Namen allein sei die Ehre! Denn nur durch Deine Gnade sind wir, was wir sind, und sie ist's, die nicht vergeblich an uns gewesen ist. Wir aber sind aller dieser Deiner Barmherzigkeit und Treue nicht werth."

Sei es uns nun noch vergönnt, zum Schluß dieses Büchleins das Zeugniß über den inneren Zustand der Gemeinde von einem Manne anzuführen, der in der ganzen Synode als ein Mann bekannt ist, dem Schmeichelei und Lobrednerei in der Seele zuwider war. Es ist Dr. Sihler, der, wie berichtet, während der Abwesenheit Walthers und Wynekens in Deutschland ein halbes Jahr die Gemeinde bediente. Er schreibt in seinem Lebenslauf II, S. 141, also:

„In der Gemeinde fehlte es freilich auch nicht an mancherlei Aergernissen und Kirchenzuchtsfällen, aber im Ganzen war doch der Zustand ein sehr erfreulicher, und selbst bei diesen letzteren Fällen, wenn der Schuldige und bis daher unbußfertig Gebliebene endlich vor die Gemeindeversammlung gefordert wurde, so war dies wirklich der Fall, daß er, wie es der Apostel auch fordert, ‚von Vielen gestraft' wurde.

„Jetziger Zeit möchte dies, auch in den älteren Gemeinden, wohl nur sehr selten vorkommen, da meist die dasitzenden Gemeindeglieder es fast nur den Pastoren und einzelnen Gliedern des Kirchenraths überlassen, den Unbußfertigen zu strafen, sich selber aber sehr passiv verhalten und nicht das Ihrige beitragen, den Schuldigen zur Buße zu leiten. Damals aber fand in der Gemeinde zu St. Louis bei solchen Fällen eine lebendige Betheiligung statt und eben ‚Viele' brachten herzu, was ein Jeder hatte oder auf seine Bitte bekam, war es Strafe, Warnung, Drohung, Bitte, Lockung, Thränen, stille

Fürbitte, kurz, was auf das Gewissen und Herz des Schuldigen voraussichtlich einen heilsamen Eindruck machen und ihn zur Buße leiten konnte. Ein großer heiliger Ernst ging dann durch die Gemeinde.

„Auch die Christenlehren Nachmittags waren sehr gut besucht; und in dem alten Stamme der Gemeinde waren nicht wenige erkenntnißreiche Glieder von tiefer geistlicher Erfahrung und rechtschaffener Gottseligkeit, wahrhaft gesalbte Christen, auch in mehrfacher Kreuzesschule wohl erzogen und bewährt, von denen ich mehr zu lernen als sie zu lehren hatte...

„Die Gemeindeversammlungen waren fast immer sehr fleißig besucht, trotz der großen Entlegenheit von den Wohnungen mancher ihrer Glieder und trotz zuweiliger Ungunst der Witterung. Auf diesen ging es denn auch immer ganz säuberlich her. Die versammelten Glieder waren ebenso ehrerbietig gegen mich, als Christi Diener, als freimüthig in ihrer Aussprache. Es kam selten vor, daß neben der Sache geredet wurde; denn es waren nicht ganz Wenige in der Gemeinde vorhanden, die aus gründlicher Erkenntniß und Erfahrung zur Sache zu reden wußten, und der wohl geschulte sächsische Verstand — denn in dieser Geisteskraft sind die Sachsen unlengbar z. B. den gemüthlichen Schwaben überlegen — ließ sich in allerlei durchschlagenden Gründen reichlich verspüren, trotz der Abwesenheit ihres Lehrmeisters in Deutschland; und seine treue und weise ‚Arbeit in dem HErrn' an diesen seinen früheren Kirchkindern ließ sich auch in diesem Stücke deutlich genug erkennen. Auch hierin hatte ich bisweilen mehr zu lernen als zu lehren. In ihrem geseligen Verhalten machten desgleichen die Brüder, mit denen ich näher in Berührung hierin kam, den angenehmsten Eindruck auf mich; denn sie waren ebenso achtungsvoll als herzlich und vertraulich gegen mich.

„Nicht minder ging es auch bei häuslichen festlichen Gelegenheiten, als z. B. bei Hochzeiten, sehr lieblich und gemüthlich zu. Von fader Lustigkeit oder bloß fleischlicher Fröhlichkeit war da nichts zu sehen und zu hören; es war eine angenehme wohlthuende Heiterkeit, die als herrschende Stimmung die versammelten Gäste durchdrang — eine Heiterkeit, die auch bei gelegentlichen Scherzen den Hintergrund des Ernstes nicht vermissen ließ; denn die Furcht Gottes und die ehrerbietige Scheu vor seinem Worte hielt den geselligen Verkehr und die Gespräche in heilsamen Schranken; ‚eure Rede sei allezeit lieblich und mit Salz gewürzet‘, diese Ermahnung des Apostels wurde auch hier befolgt." So weit Dr. Sihler. —

Wohlan, theure Dreieinigkeitsgemeinde, laß dir dies ehrende Zeugniß zu einem Spiegel dienen, eines Theils zur Demüthigung, denn ach, wie viel mehr noch könntest du sein und wie viel Größeres noch ausgerichtet haben, wenn du in allen Stücken recht treu die Gnade Gottes über dir erkannt und gebraucht hättest! Andenrntheils aber laß es dir dienen zur Entzündung neuer dankbarer Liebe, neuer unermüdlicher Treue, daß du immer mehr zunehmest in dem seligen Werke des HErrn. Bedenke, Gott hat dir viel vertrauet, viel wird er auch einst von dir fordern. Wirst du aber treu erfunden werden bis an's Ende, o welchen Gnadenlohn wird dein Heiland dir dann reichen, wenn er selbst offenbar wird in seiner Herrlichkeit am Ende der Welt! Darum sei getreu bis an den Tod, so wird er dir die Krone des Lebens geben. Wer beharret bis an's Ende, der wird selig. Wohl aber uns, daß von ihm geschrieben stehet: „Welcher auch wird euch festbehalten bis an's Ende, daß ihr unsträflich seid auf den Tag unseres HErrn JEsu Christi. Denn Gott ist treu!"

Lob, Ehre und Preis sei dem Vater und dem Sohne und dem Heiligen Geiste von Ewigkeit zu Ewigkeit! Halleluja. Amen.

Anhang.

Der Himmel auf Erden.
Ein Glückwunsch zu dem mit Gott erlebten neuen Jahr 1841.

(Von Pastor O. Herm. Walther.)

Was bring ich für Wünsche zum neuen Jahr?
Ich bringe in Einem sie alle Euch dar.
    Ich wünsch Euch den Himmel auf Erden.
    Was kann uns Besseres werden?

Es hat uns verkündigt die heilige Nacht,
Die uns das ewige Licht gebracht.
    Der Himmel ist selber erschienen,
    Der Himmel, der Erde zu dienen.

Der Himmelsboten unzähliges Heer
Singt jubelnd: „Gott in der Höhe sei Ehr!"
    Der Himmelsfürst ist geboren,
    Zum Himmelreich seid ihr erkoren.

Der Engel des Himmelreichs Schlüssel hält
Und absolviret die ganze Welt.
    Euch, ruft er, ist Christus geboren!
    Wer's glaubt, der geht nicht verloren.

Der Himmel ist Allen nun aufgethan,
Der HErr macht selbst zum Himmel uns Bahn,
  Mit ihm ist uns Alles gegeben,
  In Allem der Himmel, das Leben.

Laß toben die Hölle mit ihrer Macht
Und Deinen Himmel bedecken mit Nacht,
  Sie kann uns den Himmel nicht rauben,
  Wir kämpfen und siegen im Glauben.

Noch ist es verborgen auf dieser Erd',
Was uns der heilige Christ beschert,
  Der verborgene Himmel auf Erden
  Wird dort erst offenbar werden.

Dann wird das verachtete Himmelreich
Mit seinen Bekennern allzugleich
  Ueber Welt und Höll' triumphiren,
  Ein ewig Hallelujah führen.

Drum selig, wem hier zum neuen Jahr
Das Weihnachtsgeheimniß ist offenbar!
  Dem wird der Himmel auf Erden
  Der Himmel im Himmel einst werden.

Rede am Grabe des theuren Pastor Otto Hermann Walther,

gehalten zu St. Louis am 24. Januar 1841 von P. Fr. Bünger.

HErr, HErr Gott Zebaoth, Du Herr alles Fleisches und aller Geister! Wer sind wir, daß wir sagen dürfen: Was machst Du? Warum nimmst du unsern Lehrer, den treuen Verkündiger Deines Wortes, den geliebten Freund, Gatten und Vater, so sehr bald in der Hälfte seiner Tage, im Anfang seiner gesegneten Wirksamkeit von unsern Häuptern? Du bist wunderbar, aber gerecht, und Deine Gerichte sind unerforschlich, aber richtig. Mache, daß wir Deine Schläge fühlen und uns demüthigen! Mache es nicht gar aus mit uns, sondern sei auch wieder gnädig und heile den großen Riß, den Du unter uns gethan hast, damit wir Dich als einen ewigen Erbarmer, der Du ja bist, spüren und preisen mögen. Wir sagen Dir unsern schwachen Dank für alles Gute, das Du uns durch diesen dahingeschiedenen Mann gegeben hast, für die süßen Predigten Deines Evangelii, die Du uns von seinem Munde hast hören lassen. Auch für die glaubensvolle selige Vollendung Deines Knechtes, wodurch Du ihn aus aller Erdennoth in Dein himmlisches Freudenreich versetzt hast, preisen wir Deine unermeßliche Gnade. Ja, wir danken Dir, daß wir sein Ende zur Stärkung anschauen und seinem Glauben nachfolgen können. Verleihe Du dem entseelten Körper in dem Schooße der Erde eine sanfte Ruhe und einst eine fröhliche Auferstehung am jüngsten Tage. Seine Seele ist sicher in Deinen Gnadenhänden! Erbarme Dich über seine hinterlassene Wittwe, sei Du ihr und ihrem Kindlein das, was Du in Deinem Wort den Wittwen und Waisen verheißen hast. Uns aber, o HErr, gib an seiner Statt, damit Dein seligmachendes Wort unter uns nicht gehemmt werde, sondern reichlich wohne und wachse, gib uns wieder einen treuen Arbeiter in Deine Ernte. Ach, erhöre uns, HErr, unser Gott, und laß unser Gebet Dir wohlgefallen um Deines lieben Sohnes, unsers HErrn JEsu Christi, willen. Amen.

In JEsu Christo geliebte Leidtragende, theure verwaiste Gemeinde, theilnehmende Freunde und Anwesende!

Wenn bei den meisten Todesfällen ein Verlust und auch Gewinn ist, so ist dies besonders bei dem Absterben unseres theuren Walther der Fall. Viel Verlust. Wir, die wir seinen Tod beklagen, haben viel, sehr viel verloren. Doch auch viel Gewinn. Denn er, der Abgeschiedene, hat viel, sehr viel gewonnen. Den Beweis, daß wir durch diesen Todesfall viel verloren haben, habe ich nicht weit herzuholen; ich habe auch nicht Ursache, etwas zu übertreiben. Die allgemeine Theilnahme, die Thränen, das Betrauern und Seufzen beweist es zu mächtig, daß wir viel verloren haben. Darf ich den Schmerz einer jammernden Wittwe, die vierzehn Monate lang in der glücklichsten Ehe lebte, durch eine Schilderung ihres Verlustes erneuern? Soll ich die Freunde des Verstorbenen lehren, was sie verloren haben? Das ist und wird noch lange die Klage Vieler sein, zu denen noch nicht einmal die traurige Kunde gelangt ist: Ja, wir haben einen großen Verlust erlitten, uns ist ein wahrer Freund gestorben, eine theure Seele abgeschieden. Ein harter Schlag besonders auch für die verwaiste christliche Gemeinde, nachdem sie erkannt und erfahren hatte, was ihr Gott für eine große Wohlthat in der vorzüglichen Ausrüstung ihres Predigers, Hirten und Seelsorgers erwiesen habe. Nicht nur reiche Gaben der Natur, sondern auch reiche Gaben der Gnade waren in diesem Werkzeuge JEsu Christi niedergelegt. Und wie wurden diese

Gaben durch nachahmungswürdige Demuth immer lieblicher, durch unermüdliche Berufstreue immer nützlicher! Könnte das Kämmerlein reden, wo der fleißige Beter im Verborgenen zu seinem HErrn geschrieen, wo er im seligsten Umgange mit seinem JEsu gewesen! Könnten die Krankenstuben Zeugniß abgeben, wo er tröstete, half und die Seelen zum Himmel führte! Könnte die Kirche noch nachhallen von den reinen, lieblichen Lockungen, die der treue Hirte da an die Heerde JEsu Christi richtete! O herrliche Zeugnisse für ihn! Doch es sind lebende Zeugen genug da. Viele haben bekannt und bekennen es aus eigener seliger Erfahrung, daß noch nie solche Ströme lebendigen Wassers auf sie geflossen sind, daß ihnen der volle Rath Gottes von ihrer Seligkeit nie deutlicher, näher und vornehmlicher dargelegt worden sei, als in der letzten Zeit, da noch die Lippen dieses Priesters sich öffneten. In Wahrheit ein großer Verlust, dessen möglicher Ersatz uns bis jetzt noch völlig unbekannt ist. Wo sollen wir Trost hernehmen?

Für Christen ist allezeit Trost. Laßt uns zuerst auf den großen unbeschreiblichen Gewinn sehen, den unser dahingeschiedener Bruder in Christo erlangt hat. Ihm ist das Loos gefallen auf's Lieblichste, ihm ist ein schönes Erbtheil geworden. Er ist aus dem mühseligen Leben überhaupt und aus seinem besonders sehr mühseligen Stande als Prediger, zumal nach solchen traurigen Erfahrungen, wie in unserer Mitte geschehen sind, heraus-, ewig herausgerissen und in das glückseligste Leben, in den herrlichsten Stand bei Christo im Himmel versetzt worden. Er ist aus allen Sorgen zum ewigen Besitz, aus aller Schande zur größten Ehre, aus aller Mühe zur seligsten Ruhe, aus allem Kampfe zum vollkommensten Siege, aus dem Glauben zum Schauen seines Gottes und Heilandes, seiner mitvollendeten gerechten und seligen Mitbrüder gelangt. Sollten wir ihm diesen großen Gewinn nicht gönnen? sollten wir ihn zurückwünschen in unsere schwere und immer schwerer werdende Prüfungszeit? Nein, wir wollen uns freuen, Gott loben und danken, daß er ihn so bald aus des Tages Last und Hitze gerufen und ihm seinen Gnadenlohn gegeben hat. Gewiß, unzweifelhaft gewiß ist es, daß dieser unser einstiger Mitstreiter um das himmlische Kleinod desselben nun wirklich theilhaftig geworden ist. Denn davon ist mehr als Himmel und Erde Zeuge, nämlich das ewige wahrhaftige Wort Gottes, das Allen, die Buße thun, Christum und sein heiliges Verdienst ergreifen und bis an's Ende dabei beharren, die bereits von Christo erworbene und bereitete Seligkeit verheißt. Unser Lehrer hat einen guten Kampf gekämpfet und Glauben gehalten bis an seinen Tod. Daher ist er auch nun selig. Sein Heiland überschüttete ihn mit Friede und Freude auf seinem Krankenlager, und in allen Anfechtungen, die der Teufel noch versucht haben mochte, siegte er durch das Schwert des Geistes und den Schild des Glaubens, den er nie weggelegt hat. Ich kann, was sonst vielleicht nicht immer mit Wahrheit gesagt worden ist, doch dieses Mal freudig Allen zurufen: Gedenket an euren Lehrer, der euch das Wort Gottes gesagt hat, welches Ende schauet an und folget seinem Glauben nach. Wohl uns, wenn wir darauf achten und darnach thun! Dann haben wir auch noch einen Gewinn von seinem Sterben. Sodann ist es ein festes, unwiderrufliches Wort Gottes: Das Andenken des Gerechten bleibt im Segen. Es wird gewiß noch mancher Same aufgehen, vielleicht lange nach seinem Tode, den der sorgsame Sämann hier gestreut hat. Sein Wort und Beispiel ist nicht mit begraben; es ist in viele unsterbliche Herzen gepflanzt und geprägt worden. Und wie Du, theure Schwester, mit Deinem lieben Waislein, den Trost aus dem Worte Gottes hast, daß Gott selbst, der Allerbeste, Dein Mann und

Deines Kindes Vater sein will, welcher Trost gewiß ist und nimmer wankend gemacht werden kann, so hat auch die Gemeinde, als Gemeinde Christi, den Trost, daß Christus sich seiner Heerde selbst annehmen, sie weiden und versorgen will. Ist der Unterhirte gestorben, so ist doch Christus, der Ober- und Erzhirte, nicht von seiner Heerde geschieden. Und wenn er sich auch eine Zeit lang verbirgt, so müssen doch denen, die ihn lieben, alle Dinge zum Besten dienen. Er führt, die sich von ihm führen lassen, wunderbar, doch zu einem herrlichen Ende. Darum wollen wir alle auf Den sehen, bei welchem schon die Seele dieses verewigten Lehrers ist, auf welchen auch der Hingang unseres verblichenen Hirten ebenfalls ernstlich hinzeigt, nämlich auf JEsum Christum, unsern einigen Heiland und Seligmacher. Ihm ist alle Gewalt gegeben im Himmel und auf Erden. Er ist voller Gnade und Wahrheit. Er wird uns hier nicht verlassen noch versäumen. Er wird uns, wenn wir ihm treu sind, aufnehmen in die triumphirende Kirche, in der wir den König des Himmelreichs selbst schauen, aber bei ihm auch unsern verewigten Lehrer leuchten sehen werden als des Himmels Glanz.

Ehe ich schließe, sage ich als Schwager und zugleich im Namen der Wittwe des Verstorbenen allen geehrten Anwesenden und der theuren Gemeinde insonderheit unsern herzlichsten verbindlichsten Dank, daß dieselben durch ihre Begleitung und Besorgung des Begräbnisses dem Seligen noch ihre Liebe und Hochachtung auch im Tode bewiesen haben.

Der HErr, unser Gott, sei Aller Zuversicht, Trost, Heil, Leben und großer Lohn jetzt, in der Stunde des Todes und am jüngsten Tage. Amen.

Gedächtniß-Predigt,

dem frühvollendeten geist- und glaubensvollen Prediger der evang.-luth. Gemeinde in St. Louis, Mo., Herrn Otto Herrmann Walther gehalten am 24. Januar 1841 von G. A. Schieferdecker.

Heiliger und verborgener Gott! Wunderbar sind Deine Wege, unbegreiflich sind Deine Gerichte. Du hast ein Zeichen unter uns gethan, das uns tief bemüthiget. Unser Herz bebet und unsere Seele ist erschrocken, denn Deine Hand hat uns geschlagen. Die Stimme, die hier in diesem Gotteshause das Wort des Lebens verkündigte, den Boten des Friedens, den Du zu uns gesendet hattest, Gutes zu predigen, Heil zu verkündigen, hast Du hinweggenommen und eingehen heißen zu seines HErrn Freude. Du hast nicht nur Eine Wunde geschlagen, sondern viele, viele Wunden. Wir beweinen den Verlust eines eifrigen, treuen und reichbegabten Hirten und Lehrers, eines redlichen und gewissenhaften Seelsorgers, eines durch manche Kämpfe und Anfechtungen geübten und bewährten Mitstreiters und Mitbruders in Christo, eines innig geliebten Freundes, und eine tiefbetrübte hinterlassene Familie beweint den Verlust eines theuren Hauptes, eines geliebten Gatten und Vaters. Ach, HErr, wir machen unsern bangen Herzen Luft und klagen Dir unseren Schmerz. Von Dir, o Gott! von Dir ist uns dies geschehen. O, warum hast Du uns denn das gethan, was willst Du uns denn damit anzeigen? Wir wissen, daß Du heilig und gut und gerecht bist, und daß von Dir nichts Böses kommen kann; wir aber sind Sünder und vor Deinen heiligen Augen verwerflich. Wir haben Deinen heiligen Namen entehret. Du aber sagst in Deinem Worte, 3 Mos. 10, 3.: „Ich werde geheiliget werden an denen, die zu mir nahen, und vor allem Volk werde ich herrlich werden." O HErr, erbarme Dich und laß ab von

Deiner Ungnade über uns! Willst Du denn ewiglich zürnen, und Deinen Zorn ergehen lassen für und für? O hilf doch, daß wir auf diese Deine Zeichen achten; und wo noch harte, ungebrochene Herzen unter uns sind, daß sie durch solche Schläge erweichet und zur wahren Buße gebracht werden, auf daß Du uns nicht gar aufreiben müssest. Mache Dich auf, HErr! eile, eile, uns zu helfen, daß wir nicht ganz und gar vergehen. Wo sollen wir Zuflucht finden in unseren Nöthen, denn bei Dir allein? Du bist ja doch unser Vater, und wir Dein ererbtes Gut, Dein Eigenthum, erworben durch Deines Sohnes theures Blut. Du kannst uns ja Dein väter=
liches Herz nicht ganz entziehen. Dein Herz bricht Dir gegen uns, daß Du Dich unser erbarmen mußt. Darum hoffen wir zu Dir, daß Du heilen wirst die schmerzlichen Wunden, die Du geschlagen hast, und uns doch endlich aus Gnaden um Christi, Deines Sohnes, willen geben wirst das himmlische Erbe sammt denen, die geheiliget werden. Ob wir auch dann, wie dieser nunmehr vollendete Gerechte, unser seliger Lehrer, sagen müssen, wenn Du uns in Deinem himmlischen Reiche versammeln wirst: „Wir sind aus viel Trübsal kommen", so werden wir doch dann mit Dank und Frohlocken bekennen müssen, daß Deine Wege heilig und gerecht, herrlich und löb=
lich waren. Dahin bringe uns, heiliger Gott, barmherziger Vater, um JEsu Christi, Deines lieben Sohnes, willen! Amen.

Andächtige, in Christo geliebte und mit mir trauernde Brüder und Schwestern!

Noch vor wenig Tagen hätte niemand von uns geglaubt, daß uns heute eine so traurige Veranlassung hier zusammen=
rufen werde. Der, der uns allsonntäglich mit dem lieblichen Evangelio Christi erquickte, der jeden Sonntag mit unermüde=

ter Treue unsere matten Seelen zu den frischen Quellen des Lebens im Wort und Sacrament führte, der aus heiligem Verlangen seiner Seele, unsere Seelen dem Erzhirten JEsu Christo zuzuführen, alle seine Kräfte Leibes und Geistes willig aufopferte und, obschon er seine Krankheit fühlte, doch von dieser Stätte nicht wegbleiben wollte: dieser unser theurer Lehrer ist nicht mehr, sondern schon eingegangen in die ewige Ruhe. Er ist nun schon im vollkommenen Genuß des Himmels, den er uns in seinen Weihnachtspredigten so lieblich vorstellte; er genießt nun nicht bloß den Himmel auf Erden, sondern den Himmel im Himmel. Jene Weihnachtspredigten werden ein unvergeßliches Denkmal in jedem andächtigen Herzen sein, wobei sie sich nicht nur der herrlichen Liebeswunder Gottes, sondern auch des Predigers erinnern werden, dessen Mund Gott damals mehr als je füllte, von dem großen und herrlichen Geheimniß der Menschwerdung des Sohnes Gottes zu zeugen. O, wie war er damals mit uns so selig, als er, wie er voll Demuth sprach, von dem unaussprechlich großen Wunder lallte! Heute vor vierzehn Tagen legte er sein letztes Zeugniß ab; da sprach er von dem geistlichen Opfer der Christen. Er selbst hatte sich seinem HErrn JEsu bereits ganz zum Opfer gegeben, und hat sich nun auch seinem Erlöser willig im Tode hingeopfert, um mit ihm, den seine Seele liebte, ewiglich vereinigt zu sein. Aber wir, geliebte Freunde, haben viel an ihm verloren, ein Verlust hat uns betroffen, den wir nicht genug beklagen können. Unser Herz war voll Freude und Lob der göttlichen Güte, daß er ungeachtet unserer schweren Sünden so Großes an uns gethan und uns einen Hirten gegeben hatte, der sich den Schaden Josephs recht ernstlich angelegen sein ließ; der ein gutes Vorbild der Heerde war, nicht über sie herrschte, sondern sie mit Sanftmuth und Geduld, mit gewissenhafter Treue und aufopfernder Liebe weidete; der die heilige Lehre in dem Glauben seines Herzens und in dem Bekenntniß seiner Lippen rein bewahrte, der das Wort der Wahrheit recht theilte, der Schwachen wartete, die Kranken heilte, die Verwundeten verband, das Verirrte holte und das Verlorene suchte (Ezech. 34, 4.). Ja, einen Solchen hatten wir an ihm. Gott hatte ihm, besonders in der letzten Zeit, schöne Gaben des Heiligen Geistes verliehen, vor Allem zierte ihn seine unverstellte Demuth; er hielt sich, wie er oft von dieser heiligen Stätte und anderwärts gegen seine Freunde bekannte, für den Allerunwürdigsten; aber wir wußten wohl, was er für eine Perle in der Reihe der Christen war. O, wie Vieles haben wir an ihm verloren! Es ließ sich an, als ob Gott sein Zion wieder bauen wollte, weil er sich ein gutes Rüstzeug bereitet hatte; wir waren voll freudiger Hoffnung, denn wir sahen nach dem Ungewitter des göttlichen Zornes Gottes gnädiges, freundliches Angesicht wieder. Ach, aber wie ist es plötzlich so gar anders worden! wie gar anders ist es gekommen, als wir erwartet hatten! Sieht es nun nicht aus, als ob Gott uns verstören, öde und wüste machen wollte? Meine geliebten Mitbrüder! Wir können nichts thun, als uns demüthigen unter die gewaltige Hand Gottes, so wird er uns erhöhen zu seiner Zeit; wir haben's verdient mit unsern Sünden. Wir wollen mit bußfertigen Herzen zu unserm Erbarmer JEsu Christo unsere Zuflucht nehmen, auf daß wir wenigstens unsere Seelen retten wie einen Brand aus dem Feuer; der Züchtigungen und Gerichte, die Gott über uns kommen lassen muß, damit er seinen Namen, den wir entheiliget haben, wieder an uns heilige, wollen wir uns nicht weigern, sondern sie demüthig und ohne Murren annehmen; ist es doch Treue und Barmherzigkeit genug, daß der Vater im Himmel nicht unsere Seelen verderben will. Ja, er wird in der Ewigkeit, wenn wir in Geduld und Glauben aushalten, noch überschwänglich mehr thun, und uns auch die zeitlichen Trübsale und Züchtigungen mit ewiger himmlischer Wonne und Freude versüßen. Nur bußfertig lasset uns sein und gläubig, so wird es uns nichts schaden, es gehe uns hier, wie es wolle. An Gottes Treue, Güte und Wahrheit dürfen wir nicht zweifeln. Gott selbst wolle einem Jeden von uns über dies wichtige und bedeutungsvolle Ereigniß, ich meine das Hinscheiden unsers Lehrers, Licht und Trost verleihen; er wolle es für die Unbußfertigen eine erschütternde Warnung sein lassen, und für uns alle eine kräftige Erweckung; indem wir dem selig Vollendeten in die Herrlichkeit nachblicken, in welche er eingegangen ist, und seinen Glauben uns zum Vorbild nehmen, wodurch er diese Herrlichkeit erlangt hat. Hierzu wird uns der Text, den wir heute betrachten wollen, noch weitere Anleitung geben.

Text: Hebr. 13, 7.

Gedenket an eure Lehrer, die euch das Wort Gottes gesagt haben, welcher Ende schauet an, und folget ihrem Glauben nach.

In diesen Worten wird es allen Christen als eine heilige Pflicht auferlegt, ihre Lehrer, von denen sie im Worte Gottes unterwiesen worden sind, in treuem und dankbarem Gedächtniß zu halten; wir wollen daher in gegenwärtiger Stunde mit andächtigen Herzen erwägen:

Wie wir treuer Lehrer gedenken sollen.

1. Wir sollen die heilige Lehre des göttlichen Wortes, die sie uns vorgetragen haben, im rechten Glauben bewahren,
2. durch Betrachtung ihres erbaulichen Wandels und seligen Endes uns zu unserm eigenen seligen Abschied aus dieser Welt zubereiten lassen.

I.

Es ist einer von den verborgenen Wegen Gottes, wenn rechtschaffene Lehrer, deren es doch so wenige gibt, und zu deren Ausrüstung so viel gehört, durch einen frühzeitigen Tod wieder abgerufen werden. Merkwürdig ist, was der Prophet Jesaias im 57. Kapitel aus dem Eingeben des Heiligen Geistes hierüber sagt: „Aber der Gerechte kommt um, und niemand ist, der es zu Herzen nehme, und heilige Leute werden aufgerafft, und niemand achtet darauf. Denn die Gerechten werden weggerafft vor dem Unglück. Und die richtig vor sich gewandelt haben, kommen zum Frieden, und ruhen in ihren Kammern." Aus diesen Worten ist ganz offenbar, daß der frühzeitige Tod rechtschaffener Christen, besonders treuer, erleuchteter und gottesfürchtiger Lehrer, von sehr ernster Bedeutung ist, und daß wir in solchem Falle hoch vonnöthen haben, Gott ernstlich um Erkenntniß seines Willens und um rechtschaffene Buße anzurufen, damit wir bewahret bleiben vor dem Unglück, das der frühzeitige Tod eifriger Christen bedeutet. Wenn Gott einen rechtschaffenen, christlichen Mitbruder frühzeitig aus unserer Mitte hinwegnimmt, so hat er einen Segen hinweggenommen und eine Leuchte ausgelöscht, einen Baum voll schöner Früchte abgehauen und eine Mauer wider hereinbrechendes Unglück niedergerissen; aber noch empfindlicher ist der Verlust, noch Größeres hat es zu bedeuten, wenn ein rechtschaffener Lehrer des göttlichen Wortes, der noch Viele, Viele zur Gerechtigkeit weisen könnte, durch dessen Treue und Arbeit noch viel, viel Nutzen in der Kirche Gottes geschafft und viel Schaden abgewendet werden könnte, wenn ein Solcher in der Blüthe seiner Jahre stirbt, o das ist von sehr ernster Bedeutung. Ich brauche meine theuren Mitbrüder nicht daran zu erinnern, daß der Hingang unseres geliebten Pastors für uns alle von der größten Wichtigkeit ist, und daß alle bisherigen Bußstimmen Gottes kaum stärker zu uns geredet haben, als dieser Todesfall. Und weil darüber gewiß kein Zweifel unter uns ist, daß eine ernste Vorbedeutung darin liegt, so wollen wir doch ja nichts unterlassen, was uns vor dem ewigen Verderben bewahren und in allem Unglück trösten und stärken kann. Ich meine, wir wollen der Ermahnung in unserm Text nachkommen: Gedenket an eure Lehrer, die euch das Wort Gottes gesagt haben. Behalten wir die reine Lehre, die uns treue Lehrer verkündigt haben, in ungefälschtem Glauben, so leben sie gleichsam noch unter uns fort; so ist ihr Gedächtniß lebendig unter uns. Das ist das beste Denkmal, das wir ihnen setzen können, wenn wir ihre heilige Lehre in reinem Gewissen bewahren; so wird ein Segen von ihnen bei uns zurückbleiben, ob sie schon von uns hinweggenommen sind. Die reine Lehre göttlichen Wortes ist ein theures Vermächtniß, das abscheidende Lehrer ihrer Gemeinde hinterlassen. Dieses Vermächtniß muß treu und gewissenhaft bewahrt werden, sonst werden einst dieselben Lehrer als Ankläger am Tage des Gerichts auftreten. Laden doch solche Kinder eine schwere Schuld auf sich, die das Erbtheil, das ihnen die Eltern mit saurer Mühe erspart und mit treuem Herzen hinterlassen haben, leichtsinnig durchbringen oder zu schändlichen Zwecken anwenden. Was können sie davon für eine Frucht haben, als Noth, Elend, Schande und Verachtung? Noch viel größer aber ist die Schuld, wenn eine Gemeinde mit dem edlen Vermächtniß der heiligen Lehre, das ihr hingeschiedener Lehrer ihr hinterlassen hat, leichtsinnig umgeht, dieselbe vergißt oder verfälscht, oder doch nicht zu einem gottseligen Leben anwendet. Welche andere Frucht kann da folgen, als Irrthum, Blindheit, Ruchlosigkeit, Gottesvergessenheit und endlich das ewige Verderben? Um diesem Unglück auszuweichen, ist es unerläßliche Pflicht, das anvertraute Pfund der heiligen Lehre treu zu benutzen, damit zu wuchern, das in Uebung und Erfahrung zu bringen, was man gehöret hat, in der Erkenntniß Gottes und unsers Heils fortzuschreiten, vor allem Irrthum sich ernstlich zu hüten, fleißig und eifrig in der Schrift zu forschen, zu wachen und zu beten, daß man den edlen Schatz der reinen Lehre, der gar leicht verloren ist, bewahre; und vor allem ist es nöthig, daß man die heilige Lehre zu einem gottseligen Leben anwende, sich nicht mit Sünden wider sein Gewissen beflecke, nicht ein schönes Bekenntniß der reinen Lehre auf den Lippen habe, und im Herzen ein Verräther und Verächter derselben sei.

Meine theuren Mitbrüder! Hat uns nicht Gott durch unsern hingeschiedenen vielgeliebten Bruder einen theuren Schatz heiliger Lehre anvertraut? Wir wollen nicht auf das Erste sehen, sondern auf das Letzte. Wir wissen wohl, daß er sammt uns zuerst in manchen Irrthümern gefangen lag; er hat sie aber alle nachmals mit vieler Demuth, Reue und Zerknirschung erkannt und bekannt, und besonders hell und klar wurde in ihm das göttliche Licht in der letzten Zeit; Gott hatte seinen Glauben recht sichtlich gestärkt; seine Predigten waren besonders in der letzten Zeit recht glaubensstärkend. Seine Lippen flossen über von lieblichem evangelischem Trost; seine vorhin erwähnten Weihnachtspredigten waren besonders lieblich und trostreich. Christus, Christus war der helle Morgenstern, der in seinem Herzen strahlte; zu ihm wies er in allen seinen Predigten; zu ihm wies er die beschwerten Sünder; zu ihm wies er die Kleinmüthigen und Verzagten; zu ihm wies er die Geistlicharmen, und die da hungerte und dürstete nach der Gerechtigkeit; in Christo geschahen alle seine Ermahnungen; in Christo vermahnte er zur Eintracht und zur herzlichen, brünstigen Bruderliebe; in Christo vermahnte er zur Beständigkeit im Glauben; in Christo vermahnte er zum Gebet und zu allen Tugenden; und wenn er das Amt Mosis brauchte, die Unbußfertigen zu strafen, so verbarg er ihnen doch nicht das liebreiche Herz des milden Erbarmers JEsu Christi. Es kam bei ihm von Herzen und ging zu Herzen — wer unter uns hätte das nicht erfahren! Brannte nicht oft unser Herz in uns, wenn wir in seinen Worten den Geist JEsu Christi spürten? Nun wohlan, lasset sein Gedächtniß in uns fortleben dadurch, daß wir die heilige Lehre, die er uns verkündiget hat, in einem treuen Herzen und guten Gewissen bewahren! Lasset uns an dieser Lehre festhalten, je versuchungsvoller die Zeit ist, wo man schreit: Hier ist Christus! Suchen wir Christum allein, und suchen wir ihn in nichts Anderem, als in seinem Wort und Sacrament, so werden wir nicht irren, sondern unser treuer Heiland wird sich von uns finden lassen und uns in seinem Namen erhalten.

> Der HErr ist noch und nimmer nicht
> Von seinem Volk geschieden;
> Er bleibet ihre Zuversicht,
> Ihr Segen, Heil und Frieden.
> Mit Mutterhänden leitet er
> Die Seinen stetig hin und her:
> Gebt unserm Gott die Ehre.

II.

Lasset uns nun den andern Theil der Ermahnung, die in unserm Text enthalten ist, erwägen. Es heißt darin: Welcher Ende schauet an, und folget ihrem Glauben nach. Also das Ende gläubiger Lehrer sollen wir betrachten; wenn dies ein seliges ist, so muß es ja ein guter Glaube sein, der zu einem solchen Ende führt. Die heilige Schrift erzählt uns viel vom seligen Ende der Gläubigen. Wem unter uns ist nicht das 13. Kapitel des Briefes an die Ebräer bekannt? Vor der Menschen Augen sieht freilich das Ende der gläubigen Chri=

sten oft jämmerlich aus; Viele sind, wie in jenem Kapitel gesagt wird, gesteinigt, erstochen, zerhackt und durch's Schwert getödtet worden. Aber dessenungeachtet ist ihr Ende ein seliges und herrliches gewesen; denn eben hierin hat sich die Kraft ihres Glaubens bewiesen, daß sie das alles freudig, um Gottes willen, erduldet haben; wie der heilige Stephanus, welcher während seiner Steinigung den Himmel offen, und JEsum zur Rechten Gottes stehen sah. Muß der Glaube nicht ein herrlicher Glaube sein, der zu solch einem Ende führt? Und was war es denn für ein Glaube, der sich so mächtig in dem Ende aller der Gläubigen erwies, von denen uns die heilige Schrift erzählt? Es war der Glaube an die Zeugnisse Gottes, die er geredet hat durch seine Knechte, die Propheten und Apostel. Kein anderer Glaube kann zu einem seligen Ende führen. Von dem Ende kann man auf die Wahrhaftigkeit des Glaubens schließen. Es hat Vernunftweise gegeben, und gibt deren noch unzählige, die stolz darauf sind, es zu sein; allein wie sieht es aus bei ihrem Ende? Die Erfahrung bestätigt es tausendfach, daß sie oft gern noch vor ihrem Ende das Mittel probiren möchten, um zum Frieden zu gelangen, das sie bei ihren Lebzeiten verachtet und verspottet haben, nämlich die Bibel. Allein es ist gemeiniglich zu spät; der Geist der Gnade kommt nicht mehr an ihr Herz, weil sie ihn ihr ganzes Leben lang von sich gestoßen haben. Der Glaube, der sich am Ende der Gläubigen so kräftig und mächtig erweist, kann auch in ihrem Leben nicht ohne Früchte gewesen sein. Das Leben der Gläubigen ist voll lieblicher, herrlicher Früchte. Davon finden wir viele Zeugnisse in der heiligen Schrift. Die Liebe des Paulus, der für seine Brüder, die Juden, wünschte verbannt zu sein, wenn ihnen dadurch könnte geholfen werden, und des sterbenden Stephanus, der für seine Mörder bat: HErr, behalte ihnen diese Sünde nicht! die Freude der Maria, da sie sprach: Meine Seele erhebet den HErrn, und mein Geist freuet sich Gottes, meines Heilandes; der Friede Simeons, der sein Herz erfüllte, da er sprach: HErr, nun lässest du deinen Diener im Frieden fahren, denn meine Augen haben deinen Heiland gesehen ꝛc.; die Geduld Hiobs, die Demuth Davids, der Glaube Abrahams, die Sanftmuth Mosis, die Keuschheit Josephs — das alles waren Früchte des Glaubens. Das ist der Glaube, dem wir nachfolgen sollen.

Haben wir denn, geliebte Mitbrüder, an unserm nunmehr verschiedenen Lehrer einen solchen Glauben und ein solches Ende gesehen? Darüber kann bei Allen, die ihn kannten, kein Zweifel sein. Er hatte keinen bloßen Schein des Glaubens, sondern einen lebendigen, durch die Liebe thätigen Glauben. Sein Glaube mußte durch viele Kämpfe und Anfechtungen hindurch; er hat oft, wie Jakob, mit Gott gerungen; innerlich und äußerlich ist er durch manche Schule der Prüfung gegangen; er ist dem Leiden seines Heilandes recht ähnlich geworden; sein Glaube war auf den ewigen Felsen des Heils, JEsum Christum, gegründet; er hatte seinen Hoffnungsanker ganz und gar in den Grund der ewigen göttlichen Barmherzigkeit versenket; nur Gnade begehrte er, nichts als Gnade; er achtete alles für Koth, nur daß er Christum gewönne und in ihm erfunden würde, daß er nicht habe seine Gerechtigkeit, die aus dem Gesetz, sondern die durch den Glauben an Christum kommt. Er bewahrte seines Heilands Gnade in einem bußfertigen, leidtragenden Herzen; die Schuld, die wir mit ihm gemeinschaftlich auf uns geladen hatten, hat er von Grund des Herzens und mit vielen Thränen beweint und beklaget, und zuversichtlich in dem Verdienst seines Heilandes Vergebung derselben gesucht. Sein Glaube trug besonders in der letzten Zeit seines kurzen Lebens viel schöne Früchte der Liebe, des Friedens, der Geduld, der Freundlichkeit, der Gütigkeit, des Glaubens, der Sanftmuth und Keuschheit. Sein guter Glaube hat ihn auch zu einem seligen Ende geführt. Er ertrug willig und fröhlich das schwere Kreuz in seiner letzten Krankheit; er war voll Freudigkeit im Angesicht des Todes; er genoß den Vorschmack der himmlischen Herrlichkeit; nur seine Gemeine lag ihm noch am Herzen; sonst machte ihm nichts mehr Sorge auf Erden. Er hat endlich seine geheiligte Seele in die Hände seines himmlischen Vaters, der sie erschaffen, und seines Heilandes, der sie erlöset, und seines Trösters, des Heiligen Geistes, der sie im wahren Glauben geheiligt hatte, übergeben, und lebet nun jetzt in der Gemeinschaft aller vollendeten Gerechten und heiligen Engel in unaussprechlicher Wonne und Seligkeit. Er leuchtet dort wie des Himmels Glanz, und weil er Viele zur Gerechtigkeit gewiesen hat, wie die Sterne immer und ewiglich. O geliebte Mitbrüder, dahin ist er uns vorangegangen, dahin sollen wir ihm folgen. Die Gnade, die ihn dahin gebracht hat, vermag auch uns dahin zu bringen. JEsus Christus ist es, der in ihm lebte und ihn zu jenem herrlichen Ziele führte. Dieser JEsus Christus ist gestern und heute und derselbe auch in Ewigkeit; der Anfänger und Vollender des Glaubens, der treue Hirte und Bischof unserer Seelen. Dem, dem wollen wir unsere Seelen ergeben, ja, uns ganz und gar übergeben und seinen treuen Händen befehlen. Er wird uns nicht täuschen und irre führen; er wird uns nicht vergebens auf sich hoffen lassen; sondern auch uns, wo wir ihm treu bleiben, erlösen von allem Uebel und aushelfen zu seinem himmlischen Reich. Amen.

Abkündigung.

Von den Lebensumständen des am 21. Januar 1841 zwischen 10 und 11 Uhr selig entschlafenen Herrn Pastor Otto Hermann Walther ist noch Folgendes zu merken: daß er nämlich am 23. September 1809 zu Langenchursdorf im Fürstenthum Schönburg geboren ist. Sein Vater, wenn er anders noch am Leben ist, ist Herr Gottlob Heinrich Wilhelm Walther, Pastor in dem Geburtsort des Verschiedenen. Diesem seinem Vater stand er, nachdem er sich gehörig zum heiligen Predigtamt durch das Studium der Theologie auf der Universität Leipzig vorbereitet hatte, seit dem 11. November 1834 als Pfarrvicar bei, verließ aber im Jahr 1838 diese Stelle, indem er sich der beklagenswerthen Auswanderung mit anschloß, und wurde sodann hier in Amerika am zweiten Sonntag nach Trinitatis 1839 zum Pfarramt bei der hiesigen evangelisch-lutherischen Gemeinde vocirt. Darauf am 15. November 1839 begab er sich in den Stand der heiligen Ehe, hat aber diese glückliche Ehe nicht länger als 14 Monate genossen, und hinterläßt eine betrübte Wittwe und ein Söhnlein von drei Monaten, sowie eine um ihn tief trauernde Gemeinde, die mit ihm in herzlicher Liebe und Eintracht verbunden war. Gott wolle die verwaiste und trauernde Gemeinde trösten und die Wunden heilen, die er geschlagen hat; er wolle sich als ein Vater der Wittwen und Waisen der tiefbetrübten Hinterbliebenen nach seiner ewigen Treue und väterlichen Güte annehmen, und uns einst allesammt mit diesem unserm geliebten Lehrer vor seinem Thron wieder vereinigen durch JEsum Christum, unsern HErrn. Amen.